K线实战

卖出形态分析实例精讲

郑　葭◎编著

中国铁道出版社有限公司
CHINA RAILWAY PUBLISHING HOUSE CO., LTD.

图书在版编目（CIP）数据

K线实战：卖出形态分析实例精讲/郑葭编著.—北京：中国
铁道出版社有限公司，2023.7
ISBN 978-7-113-30137-8

Ⅰ.①K… Ⅱ.①郑… Ⅲ.①股票交易-基本知识 Ⅳ.①F830.91

中国国家版本馆CIP数据核字(2023)第062281号

书　　名：**K线实战——卖出形态分析实例精讲**
　　　　　K XIAN SHIZHAN: MAICHU XINGTAI FENXI SHILI JINGJIANG
作　　者：郑　葭

责任编辑：张亚慧　张　明　**编辑部电话**：(010) 51873004　**电子邮箱**：513716082@qq.com
封面设计：宿　萌
责任校对：苗　丹
责任印制：赵星辰

出版发行：中国铁道出版社有限公司（100054, 北京市西城区右安门西街8号）
印　　刷：三河市兴达印务有限公司
版　　次：2023年7月第1版　2023年7月第1次印刷
开　　本：710 mm×1 000 mm 1/16　印张：13　字数：187千
书　　号：ISBN 978-7-113-30137-8
定　　价：69.00 元

对于大多数投资者来说，要想在股市中盈利其实并不容易，技术分析方法纷繁复杂，有太多的内容需要学习，有太多的规律需要掌握，迷失在其中的投资者很容易出现操作方式混乱、决策随意的情况。

实际上，投资者在操盘时并不需要掌握太过复杂的技巧，或是过多的技术分析知识，这是很多专业人员都做不到的事情。因此，投资者要学会化繁为简，专注于某一项技术分析方法，将其学习透彻，才能减少操盘阻力。

其中，针对K线卖出形态的研究就是比较适合的一个方向。卖点的寻找一直以来都是投资者关注的重点，毕竟在恰当的位置建仓后，还需要选择一个合适的位置卖出，才能将收益兑现，或是将损失降低。

投资者不要认为单纯利用K线寻找卖点很简单。事实上，针对K线的技术分析的每一个方向都值得花费时间探寻。比如在K线的卖出形态中，包含的就不仅有明确的卖出形态，还有一些对行情位置的判断方法、提前预警信号的探知、不同持股周期投资者的不同操作策略等，深入分析下来，内容绝不简单。

所以，投资者有必要重视K线的卖出形态，毕竟K线包含了大量个股的历史信息，是一个极具参考价值的技术分析载体和对象。若投资者对K线都不甚了解，何谈更深入的操盘盈利方法。因此，为了帮助读者更好地学习K线的卖出形态，作者编写了本书。

全书共六章，可分为三部分：

◆ 第一部分为第一至二章，介绍一些简单的 K 线卖出形态，包括单根 K 线的短期看跌形态应用，以及多根 K 线构成的反转组合形态，下跌过程中形成的、代表跌势延续的看跌 K 线组合等。

◆ 第二部分为第三章，针对构筑时间较长的 K 线卖出形态进行细致讲解，包括长时间的见顶形态、代表后市看跌的整理形态、持续下行的卖出形态等。

◆ 第三部分为第四至六章，将 K 线与一些常见的炒股技术相结合，以辅助投资者寻找更加精确的卖点，包括成交量、趋势线、均线、KDJ 指标、MACD 指标及布林指标等，将这些技术指标与 K 线卖出形态结合应用，可靠性更高。

为了让投资者对理论知识有更直观的感受和体会，本书针对每一个理论知识点都绘制了相应的示意图，并且在进行深入的知识精讲后，还配置了对应的实战案例，利用真实的走势来帮助投资者学习实际操盘中可能出现的情况及其应对措施，使投资者理解更清晰，上手更快。

最后，希望所有读者通过对 K 线卖出形态的学习，找到合适的兑利时机，既能够避开下跌，也有机会获取更多的利润。但任何投资都有风险，也希望广大投资者在入市和操作过程中谨慎从事，规避风险。本书内容也仅是从知识的角度讲解相关技术的用法，并不能作为投资者实际买卖股票的参考依据。

编　者

2023 年 2 月

目录

第一章　单根特殊 K 线形态短期看跌

大部分投资者在观察和分析股价走势时，首要的研究对象就是 K 线，它记录了股票从上市以来积攒的大量历史信息，其中的 K 线特殊形态更是具有较高的参考价值。

二、行情途中的单根 K 线

第二章　多根 K 线组合预示及时出局

　　多根 K 线形成的组合状态也是技术分析的重要研究对象，相较于单根 K 线来说，多根 K 线组合形态的信号强度和可靠度都会更高，对投资者来说也更具参考价值。因此，了解和熟悉多根 K 线组合形态是很有必要的。

一、高位反转 K 线组合形态

第三章 个股走势中的 K 线卖出形态

行情走势中形成的 K 线卖出形态，基本上对 K 线数量没有过多限制，通常只对构筑时间和准确度有要求，比如倒 V 形顶、头肩顶、下降三角形等。这类卖出形态相较于单根或多根 K 线形成的 K 线组合形态来说，对行情的预示作用更强，看跌信号也更具有说服力，是投资者需要掌握的一类重要形态。

第四章　量价特殊形态加强做空信号

　　量价中的特殊卖出形态是成交量与股价之间互相影响形成的，它对于投资者进行做空操作具有一定的指示作用。这类形态需要将成交量与 K 线组合起来分析，相当于在 K 线的基础上多加了一个技术指标，这就为单纯的 K 线变化附加了一定的约束，使其信号可靠度更高，更符合投资者卖出的需求。

第五章 K 线与趋势性指标共寻卖点

趋势性指标是一类实用性非常强的技术指标，最常见的就是趋势线和移动平均线。这两个指标各有优势，用法也不同，若将其与 K 线结合也能对投资者在寻找卖点方面产生更大的助益。

第六章　常用指标辅助K线形态做空

除了之前介绍的趋势性指标之外，在技术分析中还会借助其他多种多样的技术指标，这样才能帮助投资者从各方角度考虑当前判断是否准确。比较常用的就有KDJ指标、MACD指标和布林指标，本章就将针对这三个指标的常见用法与K线结合进行介绍。

第一章

单根特殊K线形态短期看跌

　　大部分投资者在观察和分析股价走势时，首要的研究对象就是K线，它记录了股票从上市以来积攒的大量历史信息，其中的K线特殊形态更是具有较高的参考价值。

一、单根顶部反转 K 线形态

单根 K 线在顶部形成的反转形态，基本都是市场即将转向下跌的信号，并且在反转形态形成时，股价还没有出现下跌，或者说没有出现比较剧烈的下跌。因此，对于投资者来说，单根 K 线的反转形态就是一类很好的及时止盈、保住收益的看空形态。

注意，由于单根 K 线的特殊形态形成频率较高，投资者单纯靠它来判断行情转势很容易出错。不过，用单根 K 线特殊形态来预判短期走势还是相对可靠的，非常适合短线投资者使用，中长线投资者可将其作为把握行情走势的参考，而不是买卖依据。

No.01 光头光脚大阴线

一图展示

图 1-1 光头光脚大阴线示意图

知识精讲

光头光脚大阴线指的是个股当日的开盘价与最高价相等，收盘价与最低价相等，K 线只有实体没有上下影线的特殊形态。

也就是说，个股当日开盘后就一直在下跌，盘中没有形成有效的反弹，或者形成过反弹，但反弹高点没有越过开盘价，反弹结束后股价继续下跌，直到收盘，属于明显的颓势信号。

这说明在短时间内，市场的卖盘活跃度会非常高，股价可能形成持续的下跌，并且 K 线实体越长，看跌预警信号就越强烈，比如跌停大阴线。若光头光脚大阴线形成于阶段高位或行情高位，发出的可能就是转势信号了，谨慎的投资者可以先行离场，保住已有收益。

下面来看一个具体的案例。

应用实例

雅博股份（002323）阶段顶部光头光脚大阴线形态分析

图 1-2 所示为雅博股份 2021 年 8 月到 2022 年 1 月的 K 线图。

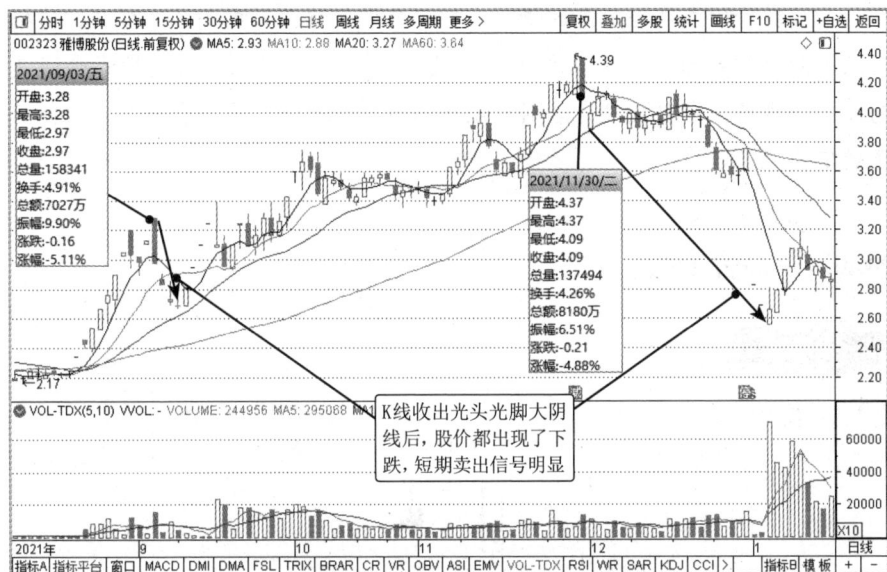

图 1-2　雅博股份 2021 年 8 月到 2022 年 1 月的 K 线图

从 K 线图中可以看到，雅博股份正处于上升阶段中。2021 年 8 月上旬期间，股价还在低位横盘。8 月中旬，股价在成交量的支撑下上涨很快，通过数根涨停阳线的推动来到了 3.20 元价位线附近，受到阻碍后震荡了数日。

9 月 3 日，股价从 3.28 元的高价开盘，但在开盘后就出现了急剧的下跌，价格在盘中不断震荡，最终形成跌停。在小幅开板几次后，股价彻底被封在跌停板上，直至收盘，当日形成了一根光头光脚跌停大阴线。

在股价快速拉升后的高位形成光头光脚大阴线，大概率是该股即将进入回调的标志。场内的短线投资者可以就此清仓，将收益兑现后出局观望；中长线投资者还可以继续持有。

从后续的走势也可以看到，股价在形成光头光脚大阴线后产生了一定幅度的下跌，但很快便在 20 日均线上受到支撑回升，进入了又一波上涨之中。

11 月底，股价在震荡中来到了 4.20 元价位线上方。在创出 4.39 元新高的次日，也就是 11 月 30 日，股价以 4.37 元的高价开盘，但在开盘后不久就形成了急速的下跌，最终于早盘时间内跌至跌停板上封住，直至收盘，K 线当日收出一根光头光脚大阴线。

此处股价的表现与前期的情况类似，只是价格位置更高了，那么，这根光头光脚大阴线预示的卖出信号就会更强烈一些。因此，短线投资者还是需要尽快离场，中长线投资者则可以根据自身情况决定是否卖出，以避开后市的下跌。

No.02 跳高舍子线

一图展示

图 1-3 跳高舍子线示意图

知识精讲

跳高舍子线是股价在经过上涨后，于高位形成的一根向上跳空的十字线（也可以是 T 字线或倒 T 字线）。若十字线形成后的次日 K 线收阴，那么无论这根阴线是低开还是高开，短时间内股价有很大可能会下跌。

也就是说，跳高舍子线是一种见顶形态，这里的见顶可以是阶段顶部，也可以是行情顶部。

注意，形态在形成过程中，如果次日成交量量能没有超过跳高舍子线形成当日的量能，那么跳高舍子线的卖出信号会更加强烈，短线投资者最好及时出局，中长线投资者可根据情况进行决策。

下面来看一个具体的案例。

应用实例

紫金矿业（601899）跳高舍子线形态分析

图 1-4 所示为紫金矿业 2021 年 2 月到 7 月的 K 线图。

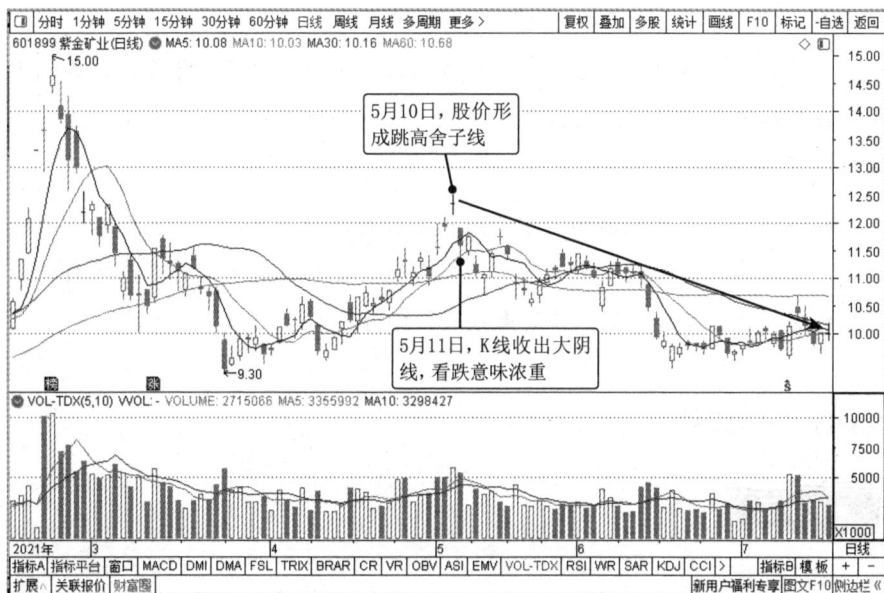

图 1-4　紫金矿业 2021 年 2 月到 7 月的 K 线图

从 K 线图中可以看到，紫金矿业正处于下跌过程中。在 2021 年 2 月期间，股价还在积极向上运行，短时间内涨幅巨大。

2 月下旬，股价在 15.00 元价位线上见顶后很快便向下滑落，刚开始的跌速极快，数个交易日后就来到了 12.00 元价位线附近，在此横盘数日后继续呈震荡式下滑，最终下滑至 9.00 元价位线以上，随后开始反弹。

5 月 10 日，股价向上跳空，以 12.35 元的高价开盘后反复震荡，盘中经历了一系列下跌和回升走势，最终还是以 12.35 元的价格收盘，当日收出一根十字线。在此之前，该股还在不断上涨，若次日 K 线收阴下跌，那么这根十字线就可以被确定为跳高舍子线。

5 月 11 日，股价在以 11.90 元的低价开盘后形成了横向的震荡，整个交易日的走势都十分低迷，当日收出一根跌幅达到 6.23% 的阴线。

此时，5 月 10 日形成的十字线已经可以确定为跳高舍子线了，再结合这根看跌意味浓厚的阴线，后市发展不容乐观。因此，短线投资者就要迅速抛盘出局，将前期收益落袋为安；而中长线投资者也可以考虑出局，以避开后期的下跌。

从后续的走势也可以看到，股价在形成跳高舍子线后，尽管短期跌幅不大，在后续也形成了数次反弹，但高点都未能越过前期，震荡结束后更是大幅收阴下跌，走势低迷。

短线投资者和已经离场的中长线投资者在此期间就不要轻易介入。依旧持股的中长线投资者则需要保持关注，一旦股价跌幅过大，直至跌破自己的止损线时，就要及时出局，待到未来股价回升，再择机入场不迟。

No.03 一字跌停

一图展示

———

图 1-5　一字跌停示意图

知识精讲

一字跌停形态非常简单，是一根类似"一"字的跌停 K 线，形成原因是股价当日的开盘价、收盘价、最高价和最低价一致，都是跌停价。也就是说，个股当日直接以跌停开盘，盘中持续封板运行，直到收盘都没有打开过。

由此可见，一字跌停是一种非常消极的形态，意味着有场内大量卖盘堆积在跌停价上，逃离情绪浓厚。

若一字跌停出现在股价的高位，那么无论是在见顶当日还是在见顶之后形成，形态发出的转势信号都会比较强烈，后期出现急速下跌的可能性很大。对于短线投资者来说，这是一个不折不扣的卖点，中长线投资者也可以考虑避开这一波下跌。

下面来看一个具体的案例。

应用实例

兴民智通（002355）一字跌停形态分析

图 1-6 所示为兴民智通 2022 年 5 月到 8 月的 K 线图。

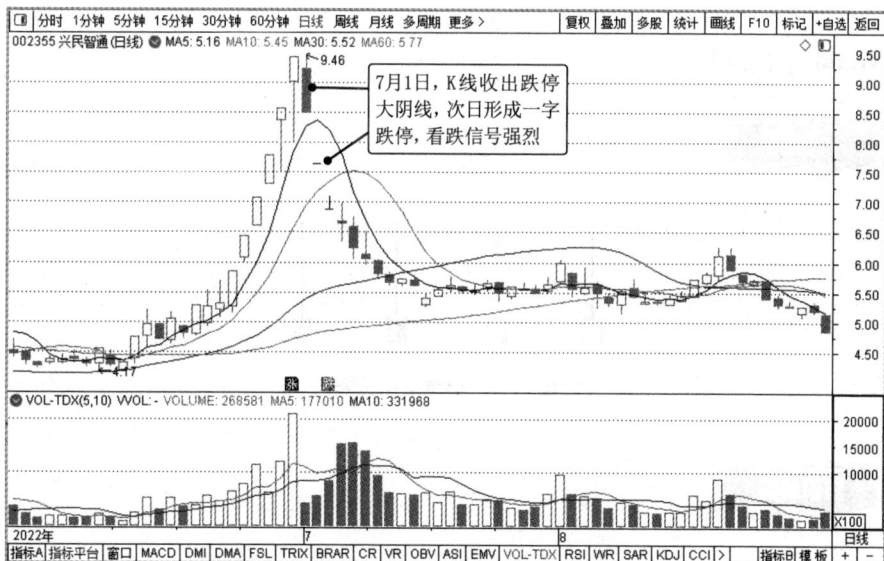

图 1-6　兴民智通 2022 年 5 月到 8 月的 K 线图

从K线图中可以看到，兴民智通正处于上涨走势向下转向的过程中。从6月开始，股价便在成交量温和放量的支撑下逐步向上攀升，并且涨速越来越快，最终在6月底形成了连续的涨停。

7月1日，股价在以低价开盘后迅速下跌，短时间内跌至跌停板上封住，直至收盘，当日K线收出一根跌停大阴线，发出了初步的看跌信号。次日，股价直接以跌停开盘，盘中毫无波澜，最终收出一根一字跌停线。

在股价见顶后形成的一字跌停，结合上一根跌停大阴线来看，意味着市场的卖盘十分活跃，场内抛压极重，大量投资者亟待出局，后市下跌可能性和幅度都较大。

因此，无论是短线投资者还是中长线投资者，此时都以卖出为佳，一是将前期连续涨停带来的收益兑现，二是避开后市下跌导致的损失。

从后续的走势也可以看到，股价在一字跌停形成后，又继续跌停了一个交易日才开板，场内卖盘大量涌出，成交量骤增。到7月上旬时，股价已经跌到了5.50元价位线附近，相较于顶部的9.46元，短时间内跌幅接近42%，可见一字跌停的杀伤力。

No.04 扫帚星

一图展示

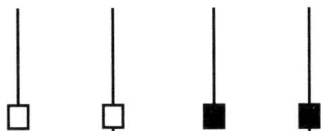

图1-7 扫帚星示意图

知识精讲

扫帚星也被称为射击之星、流星，指的是带长上影线的、实体较小的小K线，并且K线的上影线长度要超过其实体的两倍及以上，形态整体看起来就像一颗向下坠落的流星。

一般来说，完全不带下影线的小K线才是标准的扫帚星，但实战应用中，扫帚星也可以带一点非常短的下影线，这样的形态同样成立，发出的也是卖出信号，只不过信号强度不如标准的扫帚星。

当扫帚星形成于股价高位或者见顶当日时，代表上方抛压很重，市场有转势的可能。并且扫帚星的上影线与实体长度差距越大，转势的信号就越强，谨慎的投资者可提前出局。

下面来看一个具体的案例。

应用实例

和而泰（002402）扫帚星形态分析

图1-8所示为和而泰2020年12月到2021年4月的K线图。

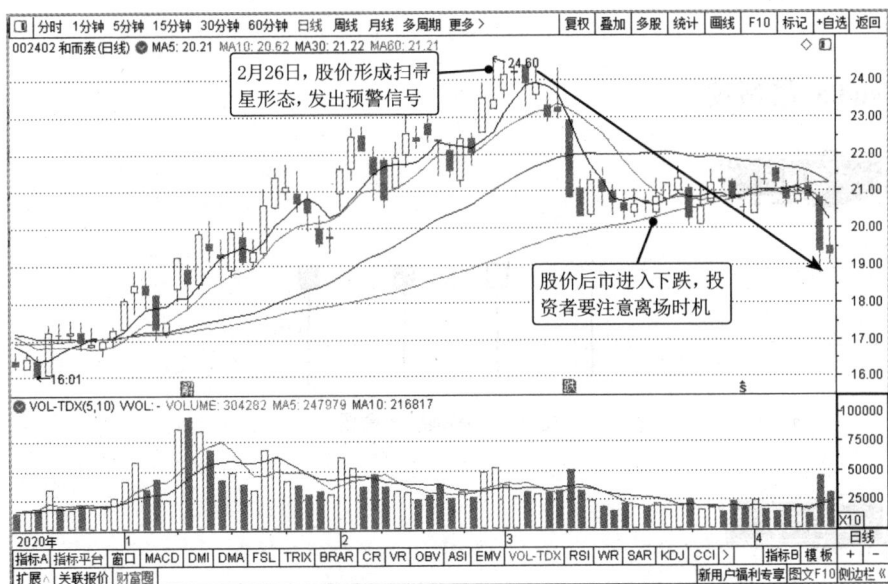

图1-8 和而泰2020年12月到2021年4月的K线图

从 K 线图中可以看到，和而泰正处于上涨过程中。在 2020 年 12 月到 2021 年 2 月期间，股价在均线组合的支撑下震荡上涨，涨势非常稳定，说明市场积极性较高。

2 月 26 日，股价在以 23.22 元的低价开盘后形成了震荡式的上涨，很快于早盘时间创出了 24.60 元的高价。但股价在高位滞涨一段时间后形成了回落，一路下滑至前日收盘价以下，最终以 23.44 元收盘，当日形成一根带长上影线的小阳线。

从这根小阳线的上影线与实体的长度对比来看，这是一个比较标准的扫帚星形态。在此之前股价已经经历了两个多月的上涨，涨幅也比较可观，那么此时形成的扫帚星就有可能是短期见顶的信号，谨慎的投资者可以就此出局，将收益兑现。

从后续的走势可以看到，股价在此见顶后，于 24.00 元价位线附近横盘滞涨了数个交易日，但都未能突破前期高点。3 月初，股价颓势初显，很快下滑至 21.00 元价位线附近，意味着大量卖盘开始抛售，还留在场内的投资者要注意及时止损。

No.05 吊颈线

一图展示

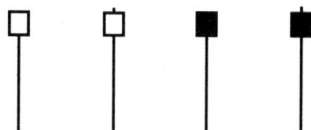

图 1-9 吊颈线示意图

知识精讲

吊颈线也被称为锤子线，其技术形态与扫帚星相对应，是一根带长下影线的小 K 线，可阴可阳，但下影线长度要大于 K 线实体长度的两倍及以上，整体像一把锤子。

标准的吊颈线都不带上影线，少数上影线极短的也可以被视为吊颈线，只是信号强度没有标准的吊颈线强。

与扫帚星一样，当吊颈线出现在股价见顶当日或是见顶前后，传递的就是后市看跌的信号。并且吊颈线的下影线与实体的长度差距越大，形成的信号越强烈。

下面来看一个具体的案例。

应用实例

宏创控股（002379）吊颈线形态分析

图 1-10 所示为宏创控股 2020 年 10 月到 2021 年 2 月的 K 线图。

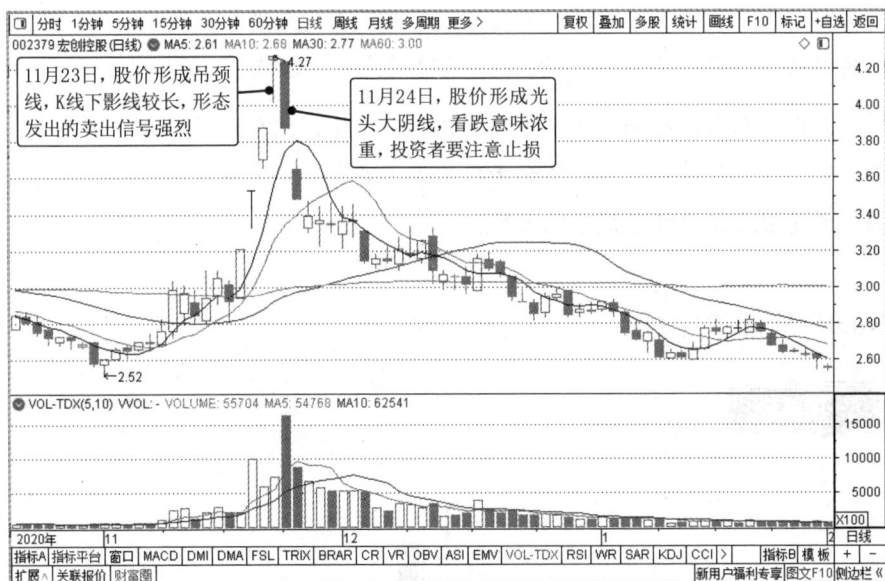

图 1-10　宏创控股 2020 年 10 月到 2021 年 2 月的 K 线图

从 K 线图中可以看到，宏创控股正处于趋势转折的过程中。从均线的状态和股价的走势可以看出，在 2020 年 10 月期间，该股还在下跌，直到进入 11 月后才创出 2.52 元的阶段新低，随后形成回升。

该股在上涨的过程中，涨速越到后期越快，到 11 月下旬时，股价已经形成了数个涨停，短时间内来到了 4.20 元的高位。

11 月 23 日，股价以 4.25 元的高价开盘后迅速下跌，盘中创出 4.01 元的低价后立刻拐头向上，形成了一个尖锐的 V 形底，随后就被封在了涨停板上，直至收盘，当日收出一根带长下影线的小阳线。

从这根小阳线的技术形态来看，K 线的下影线长度超过了实体长度的两倍，并且没有上影线，是一个非常标准的吊颈线形态。

在大幅上涨后的高位形成如此标准的吊颈线，短期见顶的信号还是比较明显的。谨慎的投资者可以在当日就将收益落袋为安；惜售的投资者还可以继续观望，看次日股价走势如何。

11 月 24 日，股价以 4.24 元的低价开盘，随后快速下滑，跌至跌停板上后封住，但半个多小时后又开板交易，形成了震荡走势。最终该股以 3.87 元的价格收盘，当日收出了一根带短下影线的光头大阴线。

此时，形势就很明确了，吊颈线意味着见顶，光头大阴线意味着下跌，短时间内该股跌势确定。还留在场内的投资者有必要衡量自己的风险承受能力，看是否要在后续寻找时机出局。

No.06 顶部 T 字线

一图展示

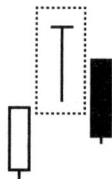

图 1-11 顶部 T 字线示意图

知识精讲

顶部 T 字线是形成于股价顶部的，带长下影线并且没有实体的特殊 K 线。

熟悉 K 线构造的投资者从 T 字线的形态中应该就可以看出，T 字线当日的开盘价、最高价和收盘价是一致的，唯有最低价下探。这往往是股价以涨停开盘后，盘中某段时间开板交易，但最终又被封回涨停板上，直至收盘导致的。

在股价顶部出现这样的形态，说明该股前期很有可能在接连涨停，甚至形成了连续的一字涨停。那么此处的 T 字线就是获利盘大量抛售的标志，待到该股彻底开板交易，其股价跌速可能会比较快。

因此，短线投资者要注意及时出局，保住收益；中长线投资者可以持股观望，也可以跟随抛盘，具体可根据实际情况决定。

下面来看一个具体的案例。

应用实例

爱施德（002416）顶部 T 字线形态分析

图 1-12 所示为爱施德 2020 年 4 月到 7 月的 K 线图。

从图 1-12 可以看到，爱施德正处于上涨行情之中。在 4 月期间，股价还在稳步上涨，在经历了反复的上涨、回调过程后，该股于 4 月 27 日形成了一根一字涨停 K 线。

4 月 28 日，股价以涨停开盘，在开盘数分钟后，涨停板就被大量能冲开，股价下跌至 8.12 元处止跌，随后反复震荡了一个多小时，最终于 11:00 再次被封回涨停板上，直至收盘，当日形成了一根 T 字线。

在一字涨停后形成的 T 字线，大概率是股价即将见顶下跌的预兆。尤其是 T 字线形成当日涨停板开板的时间较长，并且开板过程中成交量量能也较大，这一点从 K 线图中的成交量柱也可以看出。这就更加体现出了获利盘兑利的急切心态，谨慎的投资者可以在当日就跟随卖出。

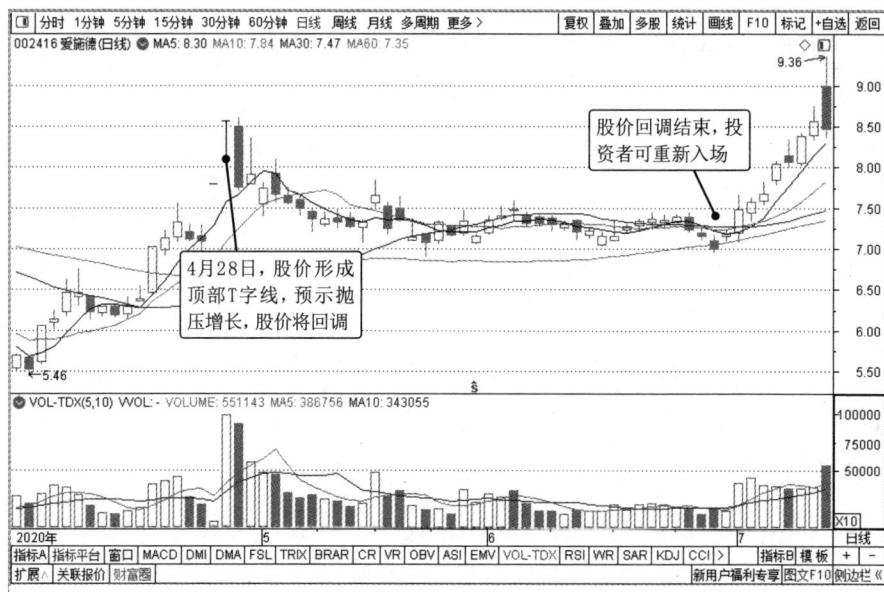

图 1-12　爱施德 2020 年 4 月到 7 月的 K 线图

继续来看后面的走势。4 月 29 日股价低开低走，当日收出了一根跌幅达到 9.68% 的大阴线，意味着下跌已经开始。此时，有离场意愿的投资者要抓紧时间了；其他投资者则可以继续等待，待到这一波回调结束，就可以再次择机入场。

No.07 顶部倒 T 字线

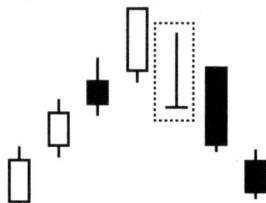

一图展示

图 1-13　顶部倒 T 字线示意图

知识精讲

顶部倒 T 字线与顶部 T 字线对应，技术形态基本就是 T 字线的翻转。与 T 字线不同的是，倒 T 字线形成当日的开盘价、最低价和收盘价一致，只有最高价上探。

这就意味着，该股当日很可能是以跌停开盘的，股价在盘中开板并形成了上涨，但最终还是回到了跌停板上，直至收盘。

这样的形态出现在股价见顶当日或是见顶之后，传递的信号和操作策略与一字跌停差不多，因为二者的形态也比较类似，区别仅在开板交易这段时间。因此，投资者需要注意及时止盈或止损，择机出局。

下面来看一个具体的案例。

应用实例

*ST 深南（002417）顶部倒 T 字线形态分析

图 1-14 所示为 *ST 深南 2022 年 1 月到 3 月的 K 线图。

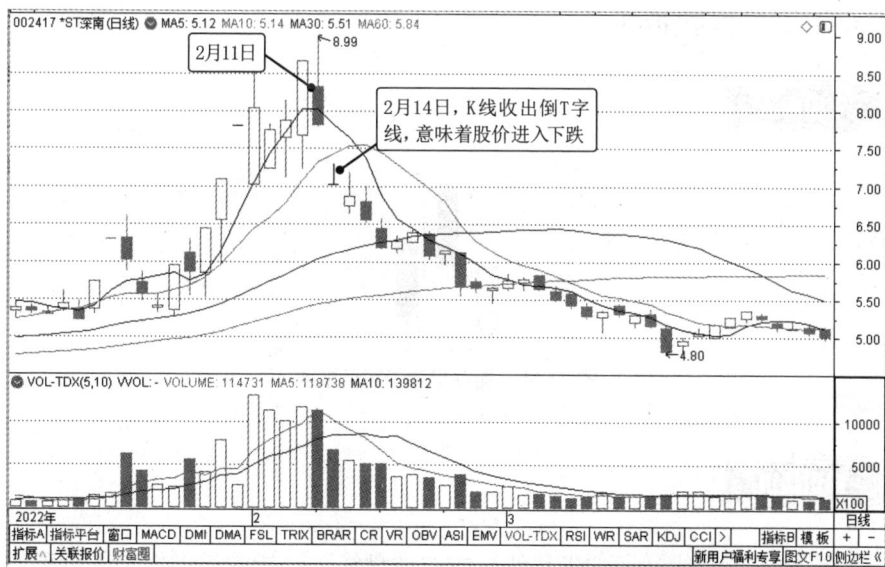

图 1-14　*ST 深南 2022 年 1 月到 3 月的 K 线图

从 K 线图中可以看到，*ST 深南正处于趋势转折的过程中。在 1 月期间，股价还在成交量的支撑下逐步向上攀升，期间经历了一次回调，但很快又回到上涨轨道中。

2 月初，股价已经来到了 8.50 元价位线附近，相较于拉升起步的 5.50 元，已经有了不小的涨幅。股价在 8.50 元价位线处受阻后小幅回落，形成了滞涨，但在几个交易日后还是突破到了其上方。

2 月 11 日，股价以低价开盘后持续震荡，但整体是缓慢上涨的。进入下午时段后，股价很快冲高回落，创出 8.99 元的新高后拐头下跌，最终以 9.93% 的跌幅收出一根带长上影线的跌停大阴线，证明上方阻力较大，股价有转势的迹象。此时，谨慎的投资者可提前离场，惜售的投资者要保持高度警惕。

次日，股价颓势依旧，直接以跌停开盘，盘中开板交易了一段时间，但在接近尾盘时被封回到了跌停板上，最终收出一根倒 T 字线。

结合上一根跌停大阴线来看，此处的倒 T 字线无疑发出了强烈的下跌信号，意味着股价大概率已经转入下跌，后市发展不容乐观，惜售的投资者也要及时出局了。

No.08 看跌捉腰带线

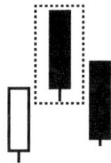

一图展示

图 1-15 看跌捉腰带线示意图

知识精讲

看跌捉腰带线又名"尖兵线"或"试盘线"，指的是形成于股价顶部的一根光头阴线（实战中也可以是带有极短上影线的阴线），就像一个钩子，挂住了两边垂落的腰带。

这根光头阴线以最高价开盘，意味着股价在开盘后就在一路下滑，下滑的幅度越大，阴线的实体越长，那么形态预示的反转含义就越可靠。其中又以跌停大阴线发出的信号强度最为强烈。

同时，如果在看跌捉腰带线形成前期，股价有了比较大的涨幅，或者上涨了比较长的时间，那么形态反转的可信度也越高。

下面来看一个具体的案例。

应用实例

凯撒文化（002425）看跌捉腰带线形态分析

图 1-16 所示为凯撒文化 2020 年 5 月到 9 月的 K 线图。

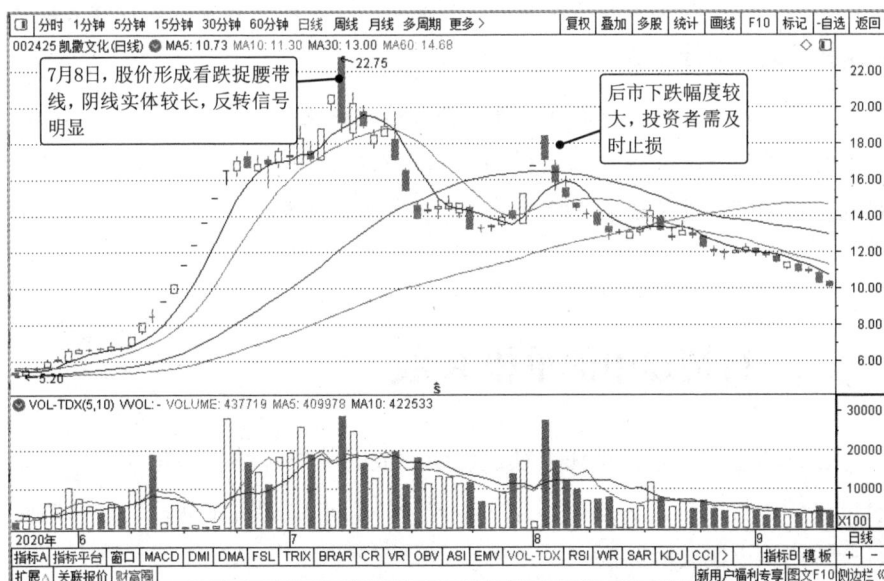

图 1-16　凯撒文化 2020 年 5 月到 9 月的 K 线图

从 K 线图中可以看到，凯撒文化正处于上涨行情向下转向的过程中。

在 5 月到 6 月期间，该股的涨势非常强劲。

在 5 月底股价从 6.00 元价位线以下的低位上涨时，涨速还比较缓慢。进入 6 月后，K 线开始连续收出涨停阳线，最终还形成了数次一字涨停，短短半个月左右就将股价带到了 18.00 元附近，实现了短期翻倍的涨幅。

6 月底，由于获利盘带来的抛压影响，股价在 18.00 元价位线下方横盘了一段时间，很快于 7 月初再次上行，突破了 18.00 元价位线，来到了 20.00 元以上的高位。

7 月 8 日，该股以 22.75 元的高价开盘，但开盘后第一分钟就形成了急速的下跌，甚至在早盘时间内跌到了跌停板上。好在不久之后，跌停板打开，市场交易开始活跃，但此时该股颓势已显，市场开始大量抛售，股价始终无法形成有效回升，当日最终以 7.64% 的跌幅收出一根光头大阴线。

观察股价前期的 K 线形态可以发现，7 月 8 日这一天的 K 线实体长度远远大于前期，在高位形成了一个突兀的下跌。再加上股价短时间内经历了翻倍的上涨，此处的光头大阴线就很有可能是一个看跌捉腰带线，投资者最好提前出局或是保持警惕。

从后续的走势也可以看到，股价在之后就出现了阶梯式的下跌，尽管在 7 月底出现了一次反弹，但反弹高度不尽人意，仅可作为惜售投资者的止损点，后期下跌更是让未及时出局的投资者损失惨重。

二、行情途中的单根 K 线

在行情途中，尤其是在下跌过程中形成的单根 K 线特殊形态，一般是股价继续下行的标志。这些形态可能是下跌行进中的跳空缺口，也可能是对盘整形态支撑线的跌破。

根据形成位置和形态的不同，这些形态发出的看跌信号强度和可靠度也有所不同，投资者要学会鉴别，并做出合适的决策。

No.09　交易密集区缺口线

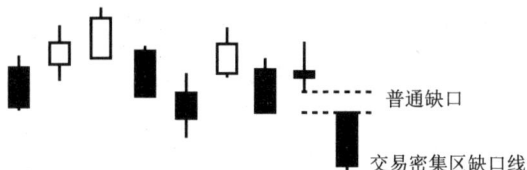

一图展示

普通缺口

交易密集区缺口线

图 1-17　交易密集区缺口线示意图

知识精讲

交易密集区缺口线指的是一根向下跳空的阴线，形成的缺口则被称为普通缺口。交易密集区缺口线常常出现在股价波动幅度不大，市场交易相对冷清的区域，比如横盘震荡期间、行情筑顶或筑底形态之中。

由于这种缺口的形成带有偶然性，不会对后市股价的走向产生太大的预示作用，并且很快就会被回补，但股价在短时间内形成下跌还是很有可能的。

因此，对于短线投资者来说，就可以将交易密集区缺口线当作短期兑利的机会，进行波段操作；中长线投资者则不必理会这种形态。

拓展知识　*什么是跳空缺口？什么又是缺口的回补？*

股价的跳空缺口指的是两根 K 线之间的真空区域，也就是说，在某一段价格区间内是不存在交易的。跳空缺口主要分为向上跳空缺口和向下跳空缺口，向上跳空缺口是 K 线开盘价和最低价都高于前一日最高价；向下跳空缺口则指的是 K 线的开盘价和最高价都低于前一日的最低价，具体如图 1-18 所示。

缺口回补是指在 K 线形成跳空缺口之后，后续的 K 线返回，对真空区域进行填充的现象。一般来说，K 线图中形成的跳空缺口最终都会被回补，区别仅在于回补的速度和时间。

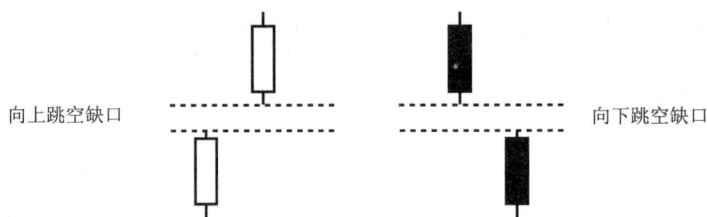

图 1-18　两种方向的跳空缺口

下面来看一个具体的案例。

应用实例

兆驰股份（002429）交易密集区缺口线形态分析

图 1-19 所示为兆驰股份 2020 年 2 月到 5 月的 K 线图。

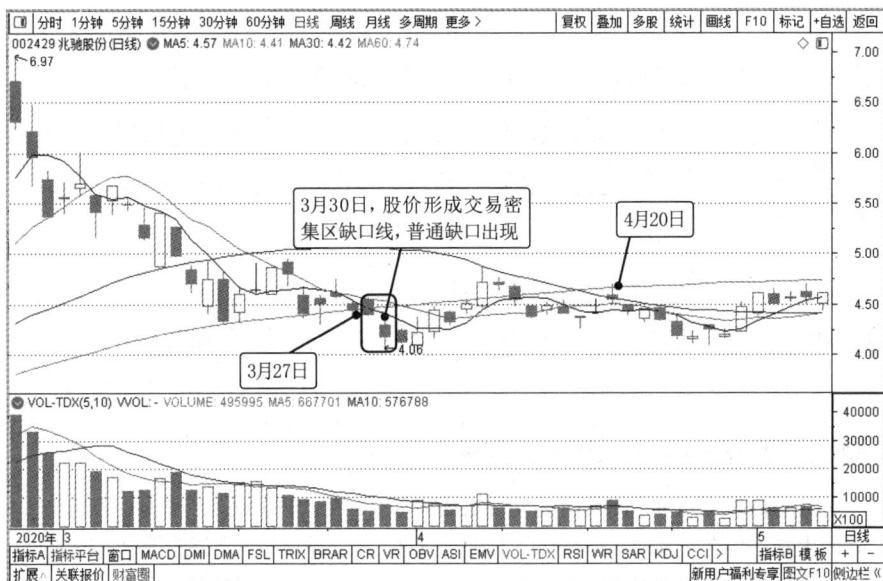

图 1-19　兆驰股份 2020 年 2 月到 5 月的 K 线图

从 K 线图中可以看到，兆驰股份正处于下跌后的震荡区域。在 2 月底到 3 月上旬期间，股价从 6.50 元价位线以上的相对高位滑落，一路下跌至 4.50 元价位线附近受到支撑，小幅回升后形成横盘震荡。

在此期间，股价反复上下波动，但大部分 K 线的实体都不大，形成了密集交易区。在整个密集交易区中，K 线与 K 线之间也出现过几次缺口，不过缺口空间较小，投资者要借此操作有些困难。因此，这里只分析一处最为明显的缺口，那就是 3 月 27 日和 3 月 30 日这两根阴线之间形成的缺口。

先来看 3 月 27 日，当日，K 线收出一根跌幅只有 0.90% 的阴线，最低价为 4.38 元。3 月 30 日，股价低开低走，同样形成了阴线，但跌幅足有 5.01%，当日最高价为 4.33 元，与前一根阴线形成了一个缺口，此处就形成了一个短线卖点。投资者可以在此卖出，避开后市的下跌，待到股价回升再买进不迟。

3 月底，股价创出 4.06 元的阶段新低后止跌企稳，随后开始回升，将前期两个缺口的真空区域回补。股价后续上涨至 30 日均线处才受阻回落，回到震荡走势之中。

4 月 20 日，K 线收阴，当日最低价为 4.51 元。次日，K 线再次收阴下跌，最高价为 4.50 元，与前一根阴线形成了普通缺口，传递出短线卖出信号，赚取了前期回升收益的短线投资者此时可以卖出了。

从后续的走势也可以看到，股价在此次缺口出现后一路跌至 4.00 元附近，在该价位线上止跌回升后，很快完成了对缺口的回补，短线投资者可继续在后续进行波段操作。

No.10　盘整结束向下跳空

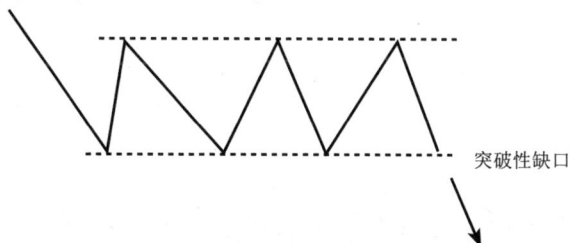

图 1-20　盘整结束向下跳空示意图

盘整结束向下跳空形成的缺口被称为突破性缺口，通常是股价盘整结束后，K 线向下跳空跌破支撑线，预示下跌开启。

一般来说，在下跌途中的整理阶段末期容易出现突破性缺口，不过，在上涨过程中的阶段高位滞涨末期，以及行情高位滞涨末期也可能形成突破性缺口。这意味着市场进行了一段时间的角逐后选择了向下运行，后市将面临幅度不一的下跌。

注意，突破性缺口产生的真空区域越大，后市下跌的可能性就越大，这一缺口也越难被回补，投资者要注意选择离场时机。

下面来看一个具体的案例。

应用实例

九安医疗（002432）盘整结束向下跳空形态分析

图 1-21 所示为九安医疗 2022 年 4 月到 8 月的 K 线图。

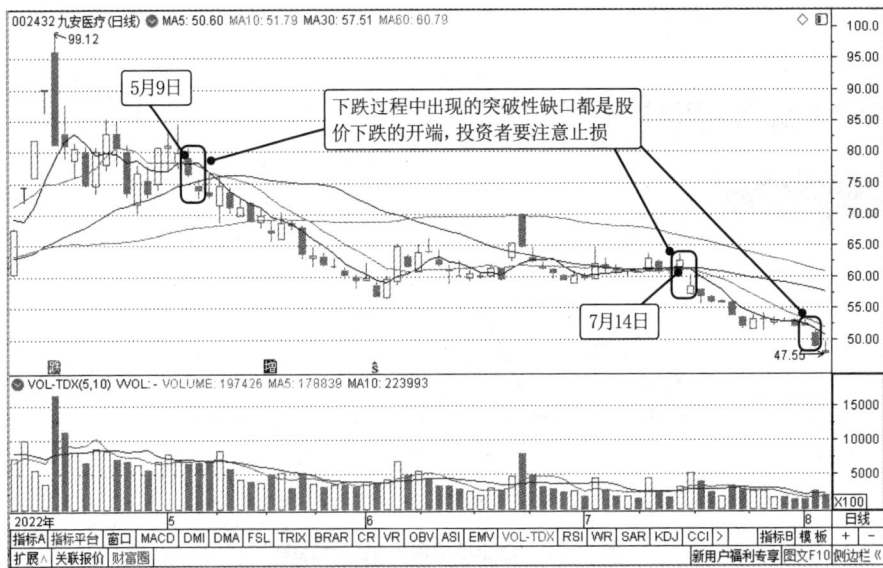

图 1-21　九安医疗 2022 年 4 月到 8 月的 K 线图

从 K 线图中可以看到，九安医疗正处于下跌行情中。4 月上旬，股价还在积极上涨，连续收出数个涨停后，股价来到了 95.00 元价位线以上。在创出 99.12 元的新高后，K 线当日收出一根光脚跌停大阴线，随后开启了下跌走势。

4 月下旬，股价跌至 75.00 元价位线附近止跌，随后在 75.00 元到 85.00 元的价格区间内横向震荡。

5 月 9 日，该股收出一根阴线，当日最低价为 76.00 元。次日，股价低开后形成震荡，最终收出一根小阴线，当日最高价为 75.60 元，与前一根阴线之间形成了缺口，并且当日最低价跌破了 75.00 元。由此看来，该缺口很有可能是一个突破性缺口，谨慎的投资者可提前离场。

从后续的走势中可以看到，股价通过这个缺口跌到盘整支撑线以下后，在 75.00 元价位线以下横盘数日后继续下跌，回到了下跌轨道中。这就确定了前期突破性缺口的卖出信号，惜售的投资者也要及时止损了。

5 月底，股价下滑至 55.00 元价位线上方止跌，小幅回升后又一次形成横盘，此时 60.00 元价位线为横盘的支撑线。

在经历了一系列震荡后，7 月 14 日，股价低开高走，K 线收出一根阳线，当日最低价为 60.48 元。次日，股价大幅低开后震荡运行，最终收出一根小阳线，当日最高价为 60.43 元，不仅与前一根阳线形成了缺口，最低价还跌到了 60.00 元价位线以下，形成突破性缺口的可能性很大。

随后数个交易日，股价彻底跌到了 60.00 元价位线下方，确认了突破性缺口的可靠性。那么，此时还留在场内的投资者就要抓紧时间出局了。

7 月下旬，股价跌至 52.50 元价位线附近止跌再次横盘，并且 K 线在横盘末期又一次形成了一个突破性缺口，再次发出了看跌信号。

整体来看这段时间股价的变化，投资者可以发现，突破性缺口的出现往往都是股价重新下跌的开端。并且在这段时间内，这些缺口一个都没有被回补，这就证明了突破性缺口的杀伤力要比普通缺口强不少，投资者在做出决策时也应更加果断，避免被套。

No.11 持续下跌跳空 K 线

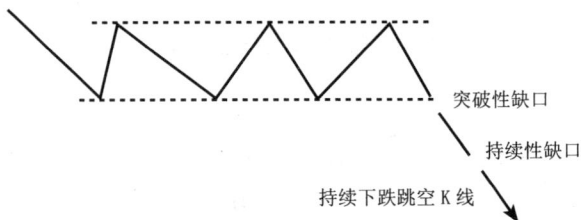

图 1-22　持续下跌跳空 K 线示意图

　　持续下跌跳空 K 线指的是在股价盘整结束，出现持续下跌的过程中形成的 K 线，这个缺口也被称为持续缺口。

　　当然，持续性缺口并不一定要在盘整之后形成，前期也不一定非要形成突破性缺口。凡是在股价连续下跌的过程中形成的缺口，都可以视作持续性缺口。

　　相较于突破性缺口来说，持续性缺口的卖出信号要更强烈一些，并且很有可能连续出现，最极端的情况就是连续的一字跌停。正因如此，持续性缺口的回补难度较大，尤其是下跌行情中的持续性缺口，往往要在行情终止，新行情诞生后才有机会回补。因此，投资者最好在发现持续性缺口后就止损卖出。

　　下面来看一个具体的案例。

ST 金正（002470）持续下跌跳空形态分析

　　图 1-23 所示为 ST 金正 2020 年 3 月到 7 月的 K 线图。

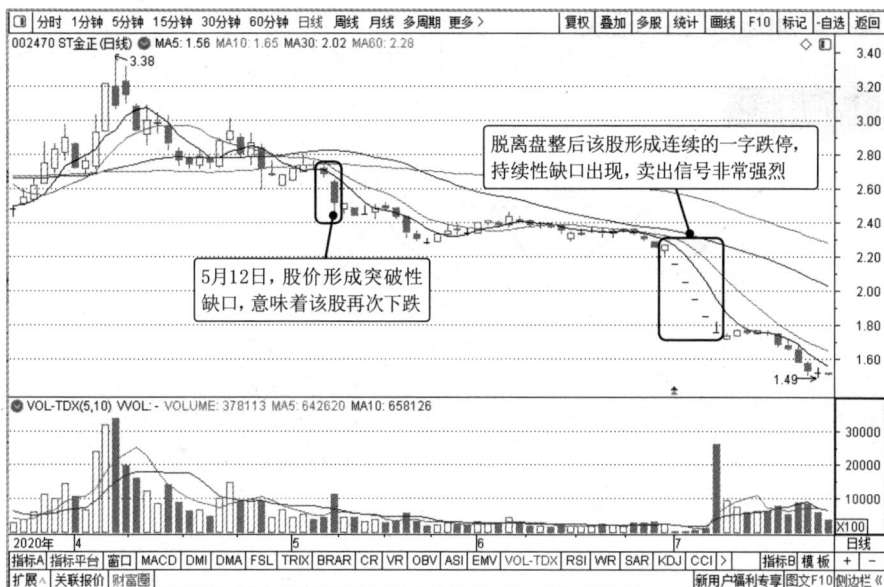

图 1-23 ST 金正 2020 年 3 月到 7 月的 K 线图

从 K 线图中可以看到，ST 金正正处于下跌行情之中。在 3 月期间，股价还在向上攀升，4 月初，该股创出 3.38 元的新高后止涨，并拐头进入下跌之中。

4 月中旬，股价在 2.80 元价位线附近止跌，并形成了横盘走势。5 月11 日，股价收出一根小阴线，当日最低价为 2.66 元。次日，股价低开低走，同样收出一根阴线，最高价为 2.65 元，与前一根阴线形成了一个缺口，并跌破了盘整底部。由此可以判断，此处是一个突破性缺口，谨慎的投资者可以迅速抛盘出局。

5 月中旬，股价跌至 2.40 元价位线下方，小幅回升后在该价位线附近横盘整理。6 月底，股价持续下滑，向下远离 2.40 元价位线后形成了连续的一字跌停。很明显，这些一字跌停都属于持续下跌跳空 K 线，形成的缺口自然就是持续性缺口。

此时，强烈的卖出信号产生。投资者最好在每个一字跌停开盘时积极挂单，争取排在前面卖出，以降低后续持续下跌带来的损失。

No.12 加速跳空探底线

一图展示

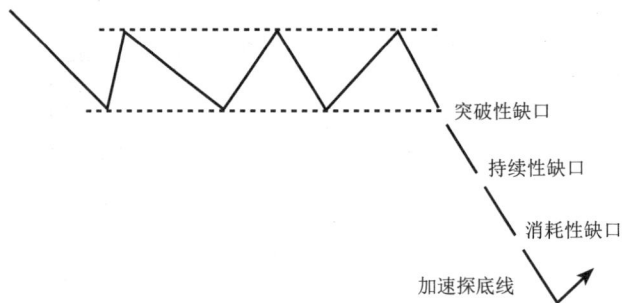

图 1-24　加速跳空探底线示意图

知识精讲

　　加速跳空探底线就是形成于下跌行情末期，股价再次加速下探的跳空K 线，形成的缺口称作消耗性缺口。

　　加速跳空探底线出现的位置较低，比如阶段底部或是行情低位。这些位置形成的消耗性缺口，意味着股价有超跌迹象，市场中的做空动能借此释放完全，后市下跌空间有限，不久之后就可能转入上涨之中。

　　对于短线投资者来说，加速跳空探底线依旧是一个卖出机会，毕竟后市可能还有一定的下跌；中长线投资者则可以先行出局避开下跌，也可以继续持有，具体策略可以根据实际情况决定。

　　下面来看一个具体的案例。

应用实例

双塔食品（002481）加速探底线形态分析

　　图 1-25 所示为双塔食品 2018 年 8 月到 2019 年 3 月的 K 线图。

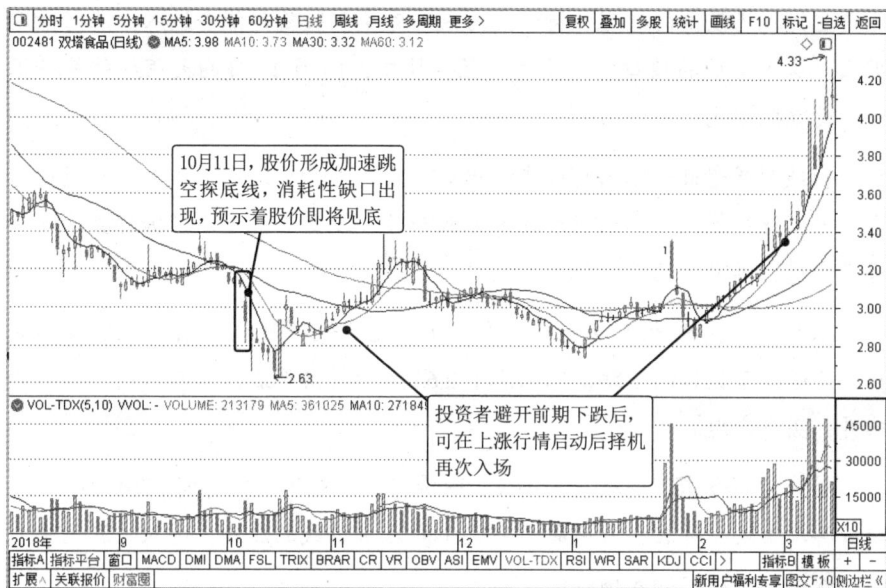

图 1-25 双塔食品 2018 年 8 月到 2019 年 3 月的 K 线图

从 K 线图中可以看到，双塔食品正处于下跌行情向上转势的过程中。从均线的状态可以看出，在 2018 年 8 月期间，股价还维持着下跌，9 月初，该股跌至 3.20 元价位线下方止跌，并在后续形成了回升。

在后续长达一个月左右的时间内，股价缓慢向上攀升，整体涨幅较小。9 月底，股价在 3.40 元价位线附近受到阻碍，回落到 3.20 元价位线附近横盘数日后，再次形成下跌。

10 月 10 日，股价以 3.14 元的价格开盘，开盘后就形成了不断的震荡，当日收出小阴线，最低价为 3.10 元。

10 月 11 日，股价以低价开盘后形成了小幅的回升，但不久之后又跌至均价线以下运行。接近尾盘时，价格再次回升，最终 6.41% 的跌幅收出一根大阴线，最高价为 3.07 元。很明显，这根大阴线与前一根小阴线之间形成了一个跳空缺口。

此时暂不能判断这属于什么类型的缺口，但投资者仔细观察，可以发现 10 月 11 日这一天的成交量量能较大，前期又没有幅度较大的上涨，说明可能是主力入场吸筹的表现，待到主力吸筹完毕，股价可能会进入上涨行情。那么，这里形成的缺口就可能是消耗性缺口，10月11日的大阴线就是一根加速跳空探底线。

短线投资者此时依旧可以先行出局观望，避开后续的下跌，中长线投资者则可以继续等待。如果后续股价见底回升，投资者就可以根据自身情况和操盘意愿，再次入场或加仓。

从后续的走势也可以看到，股价在加速跳空探底线和消耗性缺口形成后，又进行了数日的下跌，但很快于2.63元的价格见底，随后形成了快速的回升，买点出现。

第一波拉升未能突破前期高点，股价回调修整了一段时间。2019年2月，该股再次上攻，并在2月底成功突破3.40元价位线的压制，进入上涨之中。此时就是一个很好的入场时机。

No.13 高台跳水

一图展示

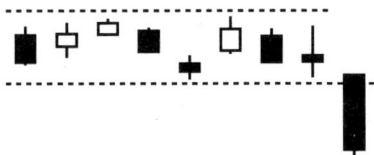

图1-26　高台跳水示意图

知识精讲

高台跳水指的是股价在横盘末期，突然出现的一根大幅下跌，并跌破盘整支撑线的中阴线或大阴线，仿佛一个人从高台跳入水中。

从示意图中可以看出，高台跳水的技术形态与突破性缺口很像，区别在于高台跳水不必与前一根K线形成缺口，并且跳水的阴线实体长度要够长，整个形态才能被称作高台跳水。

既然在技术形态上区别不大，那么高台跳水的预示意义和操作策略自然与突破性缺口类似，都是股价进入下跌的标志。因此，投资者最好在高台跳水形成后及时离场，以期止损。

下面来看一个具体的案例。

应用实例

天汽模（002510）高台跳水形态分析

图1-27所示为天汽模2021年11月到2022年3月的K线图。

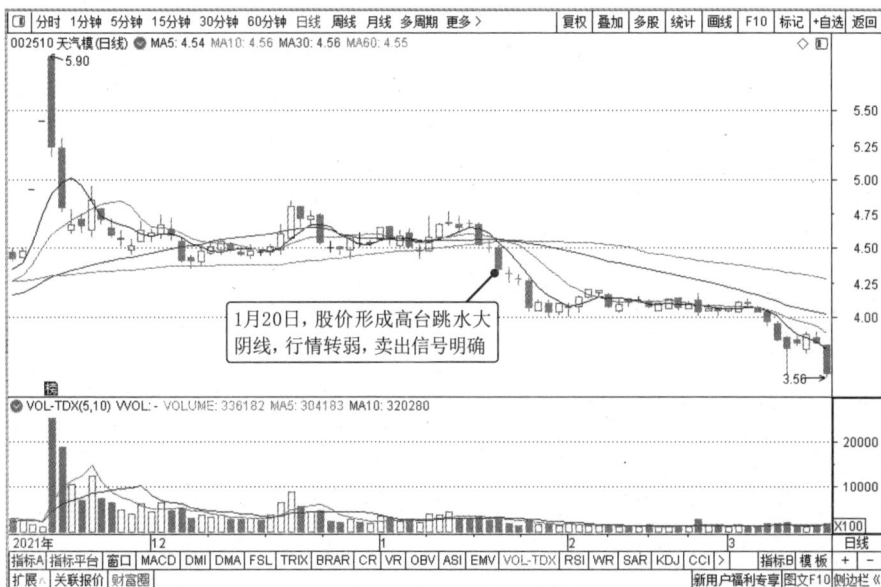

图1-27　天汽模2021年11月到2022年3月的K线图

从K线图中可以看到，天汽模正处于下跌行情之中。在2021年11月上旬，股价还在积极快速上涨，在形成两个连续的一字涨停后，该股来到了5.50元价位线以上，却在创出5.90元新高的当天高开低走，收出一根大阴线，股价转势下跌。

12 月初，股价跌至 4.50 元价位线附近后止跌，随后进入了横盘整理。在后续近一个半月的时间内，股价一直处于 4.50 元到 4.75 元的价格区间内反复震荡。

2022 年 1 月 20 日，股价以低价开盘后持续低走，盘中走势低迷，几乎没有形成有效的反弹，待到收盘时，股价跌幅达到了 4.19%，当日形成一根影线较短的大阴线。

此时观察整段走势，可以发现这根大阴线已经跌破了 4.50 元价位线，也就是前期盘整的支撑线，形成了高台跳水形态。

在下跌过程中形成高台跳水，无疑是股价回到下跌轨道的信号。此时，无论是短线投资者还是中长线投资者，都有必要出局，以免遭受更大损失。

第二章

多根K线组合预示及时出局

　　多根K线形成的组合状态也是技术分析的重要研究对象，相较于单根K线来说，多根K线组合形态的信号强度和可靠度都会更高，对投资者来说也更具参考价值。因此，了解和熟悉多根K线组合形态是很有必要的。

一、高位反转 K 线组合形态

高位反转 K 线组合形态指的是在股价的阶段顶部或是行情顶部出现的、由多根 K 线组合而成的特殊形态，比较经典的 K 线组合形态有黄昏之星、挽袖线和乌云盖顶等，本节将针对这类 K 线组合形态进行讲解。

No.01 黄昏之星

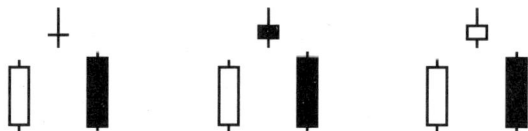

一图展示

图 2-1　黄昏之星示意图

知识精讲

黄昏之星是一个比较常见的、信号可靠度较高的 K 线组合形态，它主要由三根 K 线构成，第一根 K 线是一根实体较长的阳线，说明市场还在上涨；第二根 K 线是一根实体向上跳空的小 K 线，可阴可阳，也可以是十字星，说明个股上涨受到了一定阻碍；第三根 K 线是一根实体较长的阴线，说明个股可能已经开启了下跌。

由此可见，黄昏之星预示着趋势的反转，市场将进入弱势行情之中。一般来说，黄昏之星出现在行情顶部时，参考价值是最高的，不过，当其形成于阶段顶部时，也能向投资者传递出市场短期走弱的信号。

因此，短线投资者无论在何时发现黄昏之星，都以及时出局为佳；中长线投资者则可以根据当前所处的位置来综合判断，看是否需要卖出。

下面来看一个具体的案例。

应用实例

齐翔腾达（002408）黄昏之星 K 线组合形态解析

图 2-2 所示为齐翔腾达 2021 年 7 月到 2022 年 3 月的 K 线图。

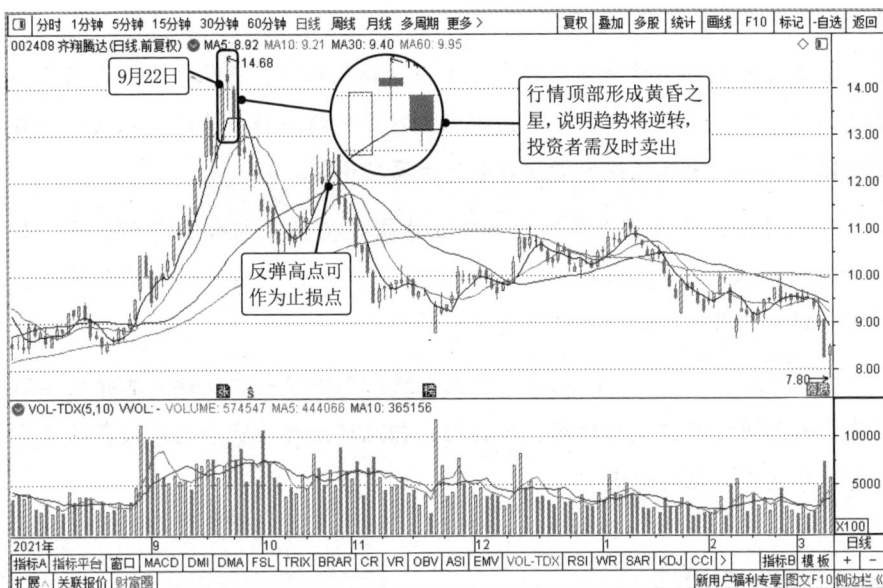

图 2-2 齐翔腾达 2021 年 7 月到 2022 年 3 月的 K 线图

从 K 线图中可以看到，齐翔腾达正处于上涨行情向下转势的过程中。在 2021 年 8 月到 9 月上旬期间，股价还保持着积极的上涨，尤其是在 9 月上旬这段时间内，该股几乎没有出现明显的回调，均线组合呈多头排列向上发散，股价涨势迅猛。

9 月 22 日，股价以高价开盘后持续高走，盘中经过一系列震荡后，于尾盘到达了涨停板上，随后封住直至收盘，当日形成了一根光头光脚的涨停大阳线。

但在 9 月 23 日，股价高开后却没有延续前一天的积极走势，而是在开盘后不久迅速下跌。盘中反复上下波动，最终该股以 0.71% 的涨幅收出一根带长影线的小阴线，说明场内多空双方斗争激烈，股价涨势暂缓。

9月24日，股价以低价开盘后继续低走，盘中触底后小幅回升，最终以5.65%的跌幅收出一根大阴线。

将这三根K线结合来看，第一根K线为涨停大阳线，第二根K线为实体向上跳空的小K线，第三根K线为低开低走的大阴线，符合黄昏之星的技术形态要求。

经历了前期的迅速上涨，在高位出现这样的形态，意味着场内卖盘开始积极出货，股价即将面临的不是大幅回调就是行情逆转。此时，短线投资者就要跟随出局，中长线投资者最好也先行离场观望。

从后续的走势也可以看到，该股在黄昏之星K线组合形态形成后，第一波下跌就从14.68元的高位跌落至10.50元价位线附近，跌幅达到了28%以上，对于中长线投资者来说也是不小的损失了。

10月初，股价在10.50元价位线上止跌后形成了一波反弹，尽管反弹高点离前期高点还有较大的距离，但作为止损点还是绰绰有余的，被套的投资者可以尽快在此位置卖出。

No.02 看跌吞没线

一图展示

图2-3　看跌吞没线示意图

知识精讲

看跌吞没线也被称为阴孕阳、看跌抱线等，由两根及以上的K线构成。从其示意图也可以看出，看跌吞没线的关键在于最后的一根大阴线，这根大阴线向前吞没了一根乃至数根K线的实体。

注意，前期形成的 K 线实体越小，大阴线实体越大，向前吞没的 K 线越多，形态的可靠度就越高。

前期形成的数根滞涨 K 线，意味着市场中的上涨动能有所不足，盘中拉升艰难。随后出现的大阴线则说明空方开始发力，场内抛压加强，股价可能面临下跌。

因此，看跌吞没线也属于一种反转 K 线组合，后市无论是回调还是开启下跌行情，短时间的跌势比较确定，投资者可根据自身情况和股价位置做出决策。

下面来看一个具体的案例。

应用实例

海源复材（002529）看跌吞没线 K 线组合形态解析

图 2-4 所示为海源复材 2022 年 7 月到 10 月的 K 线图。

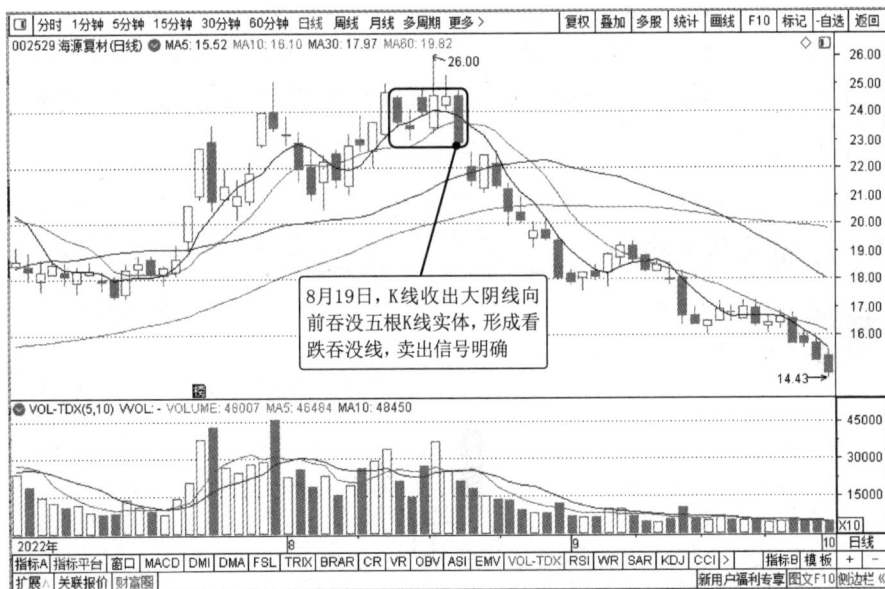

图 2-4　海源复材 2022 年 7 月到 10 月的 K 线图

从 K 线图中可以看到，海源复材正处于上涨走势向下转向的过程中。在 7 月上旬期间，股价还在 18.00 元价位线附近横向整理，直到 7 月下旬时才在成交量的推动下快速上涨，来到了 24.00 元价位线附近。

8 月初，股价在 24.00 元附近受阻后回落，30 日均线起到了一定的支撑作用，该股再次回升，小幅越过该价位线后形成滞涨，说明此处是一条压力线，价格上涨乏力。

在形成了多根上下波动的 K 线，并创出 26.00 元的新高后，8 月 19 日，股价小幅高开后持续低走，盘中滑落至 23.28 元价位线上，横盘整理了很长时间，但最终还是在下午时段继续下行，当日以 6.84% 的跌幅收出一根影线极短的大阴线。

结合前面形成的滞涨 K 线来看，这根大阴线向前吞没了五根 K 线实体，形成了看跌吞没线组合。再加上股价前期有上涨乏力的迹象，此时形成的看跌吞没线就发出了明确的卖出信号。因此，短线投资者和部分谨慎的中长线投资者要抓紧时间卖出了。

从后续的走势也可以看到，该股在形成看跌吞没线后，直接进入了快速的下跌之中，第一波下跌就来到了 18.00 元价位线附近，在此处止跌后才形成了有效的反弹。尽管反弹幅度较小，但还是可以将其视作止损点，被套投资者可借此出局。

No.03 高位待入线

一图展示

图 2-5　高位待入线示意图

高位待入线由一阴一阳两根K线构成，第一根K线为大阴线，第二根K线为实体向下跳空的小阳线。

如果高位待入线形成于股价顶部，或是股价见顶后下跌的过程中，将具有较高的参考价值。其中，大阴线是市场颓势初显，卖盘抛压强大的表现，其后形成的小阳线则是多方试图反抗的证明。

如果待入线形成后的次日K线依旧收阴，那么个股后市下跌的概率就比较大了。同时，小阳线实体向下跳空的幅度越大，卖出信号越明显。

下面来看一个具体的案例。

应用实例

青农商行（002958）高位待入线K线组合形态解析

图2-6所示为青农商行2020年6月到10月的K线图。

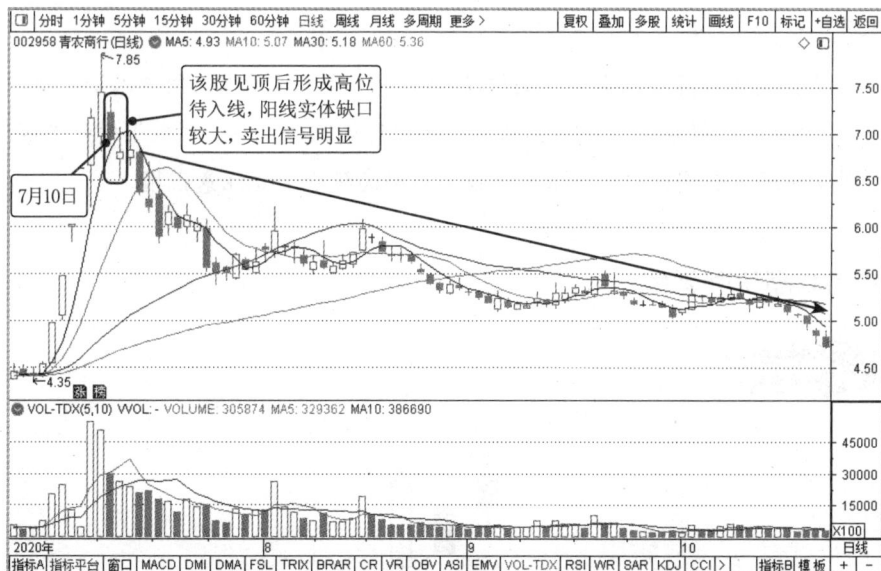

图2-6　青农商行2020年6月到10月的K线图

从 K 线图中可以看到，青农商行正处于转势阶段中。6 月期间，股价还在 4.50 元价位线附近的低位区域横向整理，进入 7 月后，才在成交量大量能的推动下快速上涨。

在连续收出数个涨停后，该股来到了 7.50 元价位线以上，并创出 7.85 元的新高，短时间内涨幅惊人。

7 月 10 日，该股以低价开盘后，围绕均价线横向震荡了相当长的时间，13:30 之后才形成了明显的下跌，当日最终收出一根跌幅达到 6.85% 的大阴线，收盘价为 6.93 元。

次日，股价以 6.73 元的价格跳空低开，开盘后股价小幅回升，但数分钟后就被压制向下，触底后再次上涨。后续股价又经历了几次震荡，最终以 1.88% 的跌幅收出一根小阳线。

由此可见，这两根 K 线的技术形态符合高位待入线的要求，并且小阳线实体跳空的幅度比较大，形态十分标准。

此时，股价已经在前期实现了短线上冲，为投资者带来了丰厚的收益。那么，此处形成的高位待入线就有可能是获利盘大量抛售导致的，短时间内跌势比较确定，投资者要及时做出决策。

从后续的走势可以看到，高位待入线出现后，该股很快便进入了下跌之中。7 月下旬，股价跌至 5.50 元价位线附近暂缓跌势，随后形成了横盘整理，但并未出现上涨迹象，后市依旧看跌，被套的投资者要注意止损。

No.04 高位顺延线

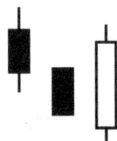

一图展示

图 2-7 高位顺延线示意图

高位顺延线指的是股价从顶部滑落后，K 线先收出两根顺延下跌的阴线，第三日却收出一根反击的阳线，向上收回了前两根阴线跌幅的一部分乃至全部，形成疑似看多的信号。

但很明显，高位顺延线属于顶部反转 K 线组合形态。因此，最后形成的反击阳线发出的并不是看多信号，而是一个多头陷阱。

由此可见，待到获利盘出货完毕时，行情将转入下跌。那么，投资者在发现这样的陷阱后就不要轻易踏入，若股价暂时维持横盘，以观望为佳；若股价很快转入下跌，就要择机卖出了。

下面来看一个具体的案例。

以岭药业（002603）高位顺延线 K 线组合形态解析

图 2-8 所示为以岭药业 2022 年 2 月到 6 月的 K 线图。

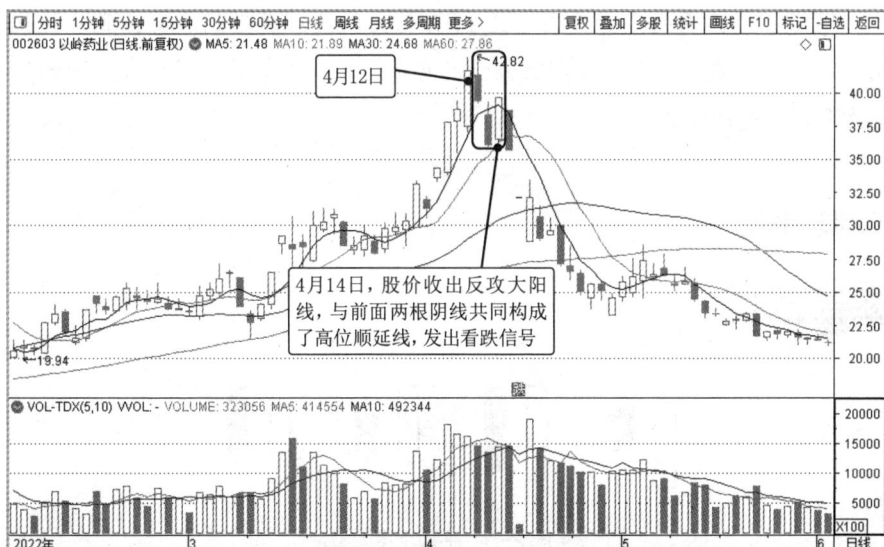

图 2-8 以岭药业 2022 年 2 月到 6 月的 K 线图

从 K 线图中可以看到，以岭药业正处于上涨趋势转向下方的过程中。在 2 月到 3 月期间，股价在均线组合的支撑下稳定上涨，并且越到后期涨速越快。

进入 4 月后，股价涨势更为迅猛，在数个涨停阳线的推动下，该股很快来到了 40.00 元价位线上方。4 月 12 日，股价以低价开盘后迅速上冲，但在创出 42.82 元的新高后就冲高回落，长时间被压制在均价线以下运行，最终以 5.54% 的跌幅收出一根阴线。

次日，股价继续收阴下跌，最低价已经跌破了 37.50 元价位线。4 月 14 日，股价一改颓势，直接以高价开盘后迅速上行，最终于下午时段冲上了涨停板，反复开板交易了一段时间后，股价彻底被封住，直至收盘，当日形成一根带短下影线的涨停大阳线。

将这根大阳线与前面两根顺延下跌的阴线结合来看，可以发现这三根 K 线组合基本符合高位顺延线的技术形态。

因此，4 月 14 日收出的大阳线就有可能是一个多头陷阱。在发现陷阱后，投资者不要轻易踏入，谨慎的投资者可以借此出局，惜售的投资者可暂时观望。

继续来看后面的走势，在 4 月 14 日的大阳线形成后的次日，股价就收阴下跌，后续更是形成了一字跌停，趋势彻底逆转。此时，还留在场内的投资者要抓紧时间卖出了。

No.05 平顶

一图展示

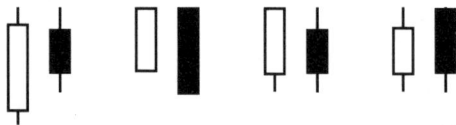

图 2-9 平顶示意图

知识精讲

　　平顶指的是在股价顶部，前后两根 K 线的高点相等或近似的 K 线组合形态。这两根 K 线先阳后阴，二者是否形成平顶的关键在于最高价。

　　平顶具有多种表现形式，比如示意图中展示的，就有两根 K 线的最高价相近、阳线收盘价与阴线开盘价相近、阳线收盘价与阴线最高价相近以及阳线最高价与阴线开盘价相近四种情况。

　　平顶的含义为趋势反转，其操作策略与前面介绍的几种 K 线组合类似，投资者选择适合自己的就好。

　　下面来看一个具体的案例。

应用实例

宝鼎科技（002552）平顶 K 线组合形态解析

　　图 2-10 所示为宝鼎科技 2019 年 9 月到 2020 年 4 月的 K 线图。

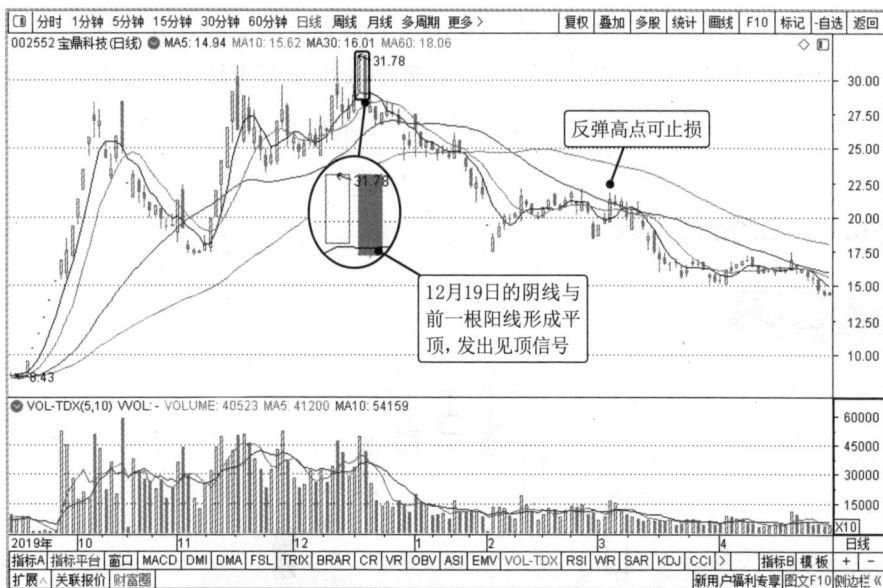

图 2-10　宝鼎科技 2019 年 9 月到 2020 年 4 月的 K 线图

从 K 线图中可以看到，宝鼎科技正处于趋势发生转变的过程中。在 2019 年 9 月期间，股价涨速极快，几乎是以连续的涨停上冲，短短数十个交易日就从 8.50 元价位线以下冲到了 27.50 元价位线附近，涨幅极为惊人。

10 月初，股价阶段见顶回调，下跌至 17.50 元价位线左右止跌，随后迅速回升。后续股价又经历了几次回调与上涨，逐渐来到了 30.00 元价位线附近，但始终难以有效突破，说明该价位线上有较大压力，股价上涨动能衰竭。

12 月 18 日，股价以高价开盘后震荡高走，于 10:40 左右接触到了涨停板，但并未停留，很快出现小幅回落。临近尾盘时，股价再次向上，最终还是以涨停收盘，当日形成一根光头光脚大阳线，最高价为 31.78 元。

12 月 19 日，股价以 31.76 元的低价开盘后持续低走，盘中走势低迷，最终以 9.79% 的跌幅收出一根光头大阴线，当日最高价为 31.76 元，仅仅与前一日阳线的最高价相差 0.02 元。

由此可见，这一阳一阴两根 K 线构成了平顶 K 线组合形态，发出了后市下跌的信号，谨慎的投资者此时可以跟随出局。

从后续的走势可以看到，在形成平顶 K 线组合形态后，股价横盘数日后呈阶梯式下跌，很快便来到了 17.50 元价位线附近止跌，并形成了小幅反弹。那么，反弹的顶部就可以作为被套投资者的止损位。

No.06 三次触顶不破

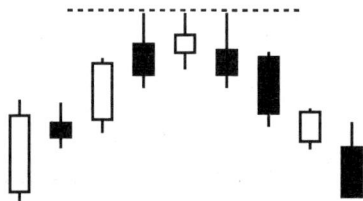

一图展示

图 2-11　三次触顶不破示意图

知识精讲

三次触顶不破是由三根及以上的 K 线构成的一种顶部 K 线组合形态，其中的关键在于触顶的三根 K 线。

从其示意图中可以看到，触顶的三根 K 线上影线都比较长，实体比较短，并且可阴可阳。其他的 K 线不是组合成立的必备条件，只是用于说明其处于高位。

其实，三次触顶不破组合中触顶的 K 线不一定只有三根，有时候可能会连续出现四至五根触顶 K 线。但只要前三根 K 线满足三次触顶不破的技术形态要求，就可以视作形态成立，投资者依旧要卖出。

下面来看一个具体的案例。

应用实例

五方光电（002962）三次触顶不破 K 线组合形态解析

图 2-12 所示为五方光电 2021 年 11 月到 2022 年 3 月的 K 线图。

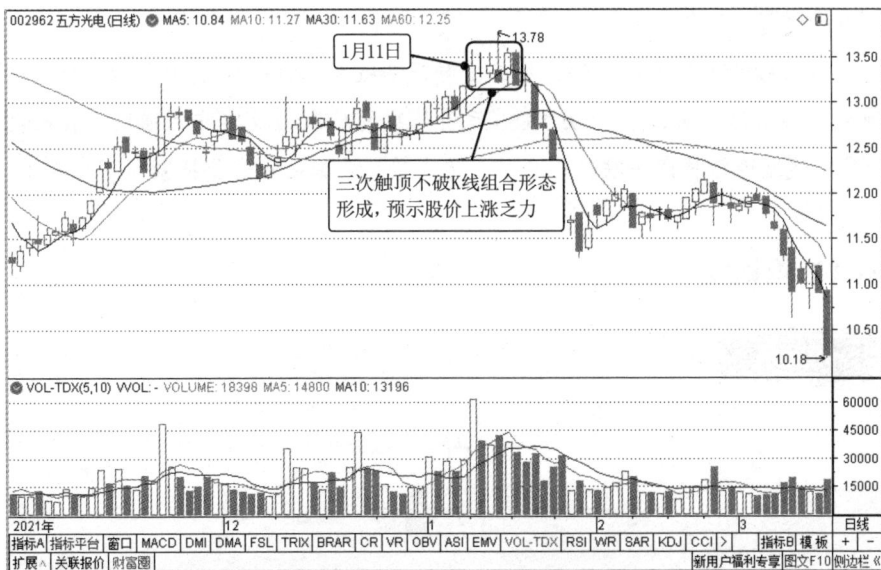

图 2-12　五方光电 2021 年 11 月到 2022 年 3 月的 K 线图

从 K 线图中可以看到，五方光电正处于下跌阶段中的反弹高点。从均线组合的状态可以发现，在 2021 年 11 月之前，股价还维持着快速的下跌，均线组合下行角度较大。

进入 11 月后，股价止跌反弹，很快便突破均线组合的压制，来到了 13.00 元价位线附近。但该价位线对股价形成了一定的压制作用，该股在其下方反复震荡，数次试图突破都未能成功。

2022 年 1 月初，在成交量的放量支撑下，该股终于向上有效突破了 13.00 元价位线，并于数日后来到了 13.50 元价位线下方。

1 月 11 日，股价以平价开盘后很快上扬，盘中经过反复的震荡，并多次冲击 13.50 元价位线失败后回落，最终收出一根阳线，最高价为 13.59 元。次日，股价低开后快速上冲，但依旧在 13.50 元价位线附近受阻回落，最终形成一根十字星线，最高价为 13.55 元。第三个交易日，该股平开后再次上冲，来到 13.50 元价位线附近后徘徊了一段时间，但还是未能有效突破，后续向下回落，收出一根小阳线，当日最高价为 13.56 元。

这三根高点相近的 K 线形成后，基本上就可以确定三次触顶不破形态成立了，无论后续还会不会出现触顶 K 线，卖出信号都已经发出，机警的投资者可以提前出局。

从后续的走势可以看到，在三次触顶不破 K 线组合形态形成后，还接连形成了三根触顶 K 线，说明 13.50 元价位线的压制力确实非常强劲。在此之后，K 线就连续收阴下跌，开启了弱势走势，被套投资者要抓紧时间出局了。

No.07 挽袖线

一图展示

图 2-13　挽袖线示意图

挽袖线由两根K线构成，第一根为继续上涨的阳线，第二根为低走的阴线，并且阴线的开盘价要在前一根阳线的实体内，同时在其最低价之下收盘。

挽袖线是一种比较常见的反转K线组合形态，无论是在阶段顶部还是在行情顶部，都能发现它的身影。因此，对于短线投资者来说，挽袖线就是一个卖出信号，而中长线投资者在发现该形态后，可以根据当前位置来决定是否跟随出局。

下面来看一个具体的案例。

国信证券（002736）挽袖线K线组合形态解析

图2-14所示为国信证券2020年6月到2021年4月的K线图。

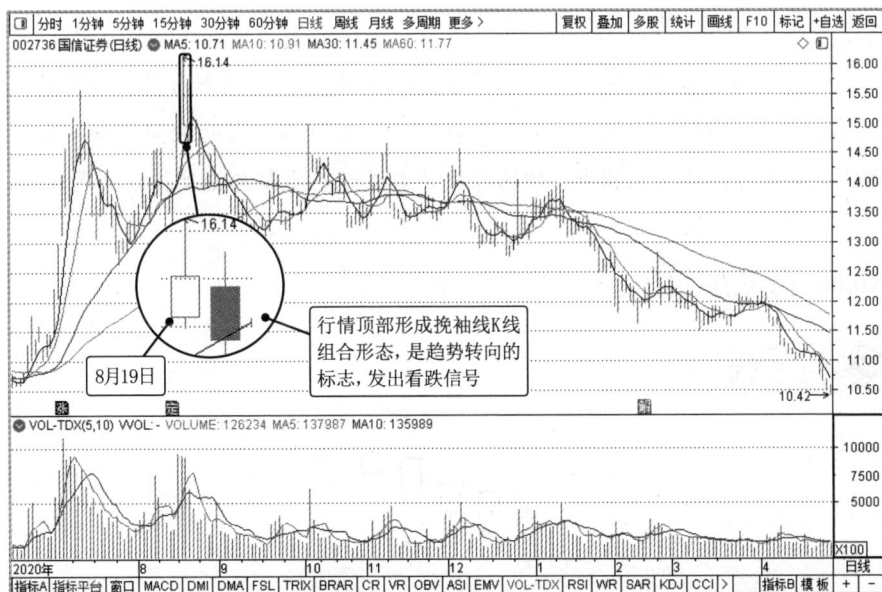

图2-14　国信证券2020年6月到2021年4月的K线图

从K线图中可以看到，国信证券正处于上涨行情的高位。在2020年6月下旬到7月初期间，股价涨势非常迅猛，短短数十个交易日内，价格就从10.50元价位线附近上涨至15.50元价位线以上。

7月中旬，股价进入回调，跌落至30日均线附近止跌后再次上冲。此时投资者仔细观察成交量，可以发现在这一波上攻期间，成交量量能明显不如前期，说明市场推动力存在缩减，股价上涨乏力，有见顶的风险。

8月19日，该股以低价开盘后很快突破前日收盘价，在其上方围绕均价线横盘震荡了一段时间。下午时段开盘后，股价快速上冲远离盘整区域，但在创出16.14元的高价后，该股冲高回落，最终以2.37%的涨幅收出一根带长上影线的中阳线，最低价为14.97元。

次日，该股低开后震荡低走，均价线长时间压制在其上方，K线最终以4.32%的跌幅收出一根大阴线，收盘价为14.85元。

将两根K线结合来看，第二根阴线的开盘价在第一根阳线的实体内，并且阴线收盘价低于阳线的最低价，符合挽袖线的技术形态。再加上成交量前期形成的上涨乏力形态，此处的挽袖线就是比较明显的转势信号了。因此，投资者最好尽快出局，保住收益。

从后续的走势可以看到，该股自挽袖线形成后就从顶部滑落，一路跌至13.00元价位线附近止跌，并在后续形成了横向震荡。在此期间，每一次反弹的高点都可以作为止损点，但场外投资者最好不要参与抢反弹，以免被套。

No.08 高位五连阳

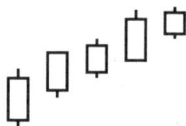

一图展示

图2-15 高位五连阳示意图

知识精讲

高位五连阳的形态很好辨认，就是在阶段高位或是行情高位形成的连续五根阳线。这五根阳线不分实体大小，也不论跳空与否，只要是连续的五根阳线，就可以视作五连阳。

一般来说，五连阳是短线冲刺的表现，而高位五连阳的出现可能是主力在进行快速拉升，短时间内将价格抬高，以便在出货时赚取更多的收益，同时还能吸引散户入场接盘。

但对于投资者来说，高位五连阳未尝不是一个机会，只要在形态结束，股价转入下跌的同时迅速卖出，就能抓住这部分收益，同时避开后市的下跌。

应用实例

富煌钢构（002743）高位五连阳 K 线组合形态解析

图 2-16 所示为富煌钢构 2020 年 7 月到 12 月的 K 线图。

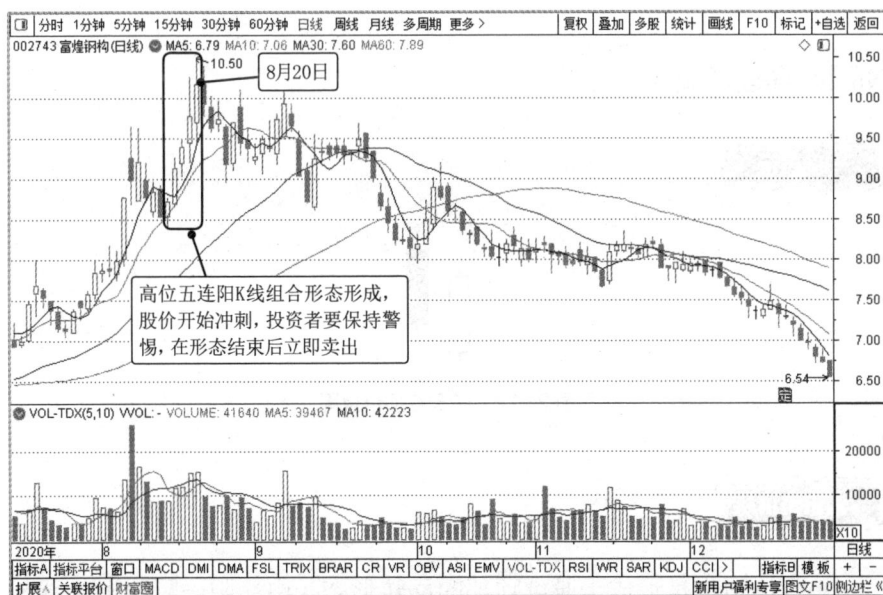

图 2-16 富煌钢构 2020 年 7 月到 12 月的 K 线图

从 K 线图中可以看到，富煌钢构正处于上涨行情的顶部。在 7 月到 8 月初期间，股价还在均线组合的支撑下稳步上涨。8 月上旬，股价上行至 9.50 元价位线附近后受阻，形成了小幅回调。

8 月中旬，该股在 8.50 元价位线附近得到支撑后快速回升，回升的第一个交易日就拉出了一根涨幅达到 2.35% 的中阳线。在其后的连续 4 个交易日内，该股分别收出了涨幅达到 4.70%、2.85%、4.05% 和 4.09% 的阳线，与第一根 K 线共同形成了五连阳 K 线组合形态。

同时，结合前期该股长时间的上涨来看，此处位置已经较高，那么这里的五连阳就可以被视作高位五连阳。因此，主力拉升的意图就很明朗了，待到形态结束，该股将可能面临大幅回调或是转入下跌。

继续来看后面的走势，8 月 20 日，高位五连阳的最后一根阳线形成后，次日股价就出现了收阴，并在后续接连下跌。

这就说明趋势开始转向，机警的投资者应当在该股转势的第一时间就卖出兑利；惜售的投资者若是继续持有，一段时间后发现该股未能再创新高，也要选择合适的位置卖出了，避免被套在场内。

No.09 乌云盖顶

一图展示

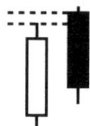

图 2-17　乌云盖顶示意图

知识精讲

乌云盖顶也是形成于股价顶部的反转形态，由一阳一阴两根 K 线构成，第一根阳线代表上涨趋势的延续，第二根阴线是趋势逆转的开端，整体形态仿佛乌云覆盖在太阳上方。

注意，阴线的开盘价要高于阳线最高价，收盘价则要处于阳线实体以内。两根K线的实体越长，阴线深入阳线实体内部越多，形态的可信度就越高。

不过，阴线的实体不能彻底吞没阳线实体，否则该形态就不是乌云盖顶，而是阴包阳了。尽管发出的信号都是后期看跌，但技术形态不可混淆，投资者在学习过程中要避免这样的情况。

下面来看一个具体的案例。

应用实例

国恩股份（002768）乌云盖顶K线组合形态解析

图2-18所示为国恩股份2020年2月到5月的K线图。

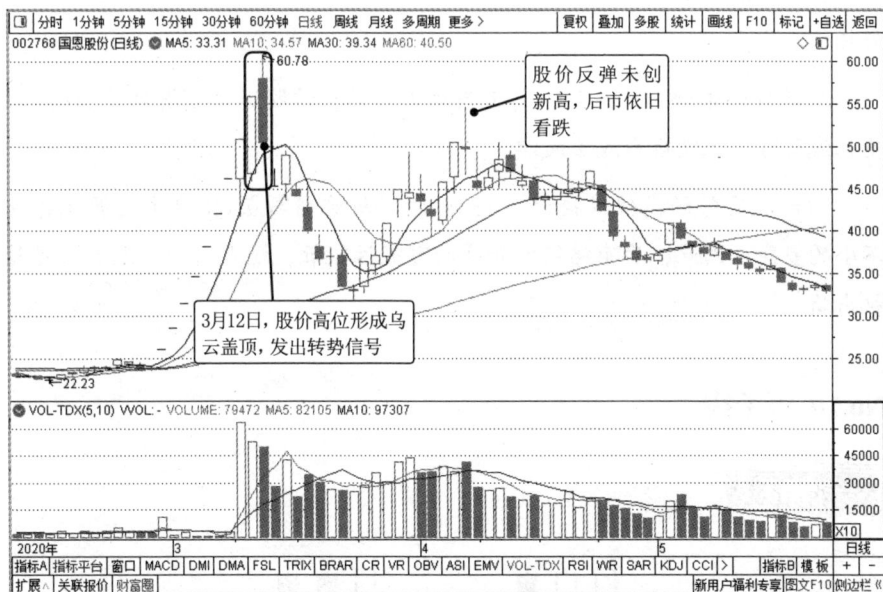

图2-18　国恩股份2020年2月到5月的K线图

从K线图中可以看到，国恩股份正处于上涨行情的顶部。在2月期间，该股还在 25.00 元价位线以下的低位区域横向运行。从 2 月底开始，股价突然形成了毫无预兆的一字涨停，在连续拉出 7 个一字涨停后，该股冲到了 45.00 元以上，涨幅极大。

在涨停板打开后，股价顶着获利盘的抛压继续上冲。3 月 11 日，该股以低价开盘后反复震荡，多空双方不断拉锯，但看多力量拉升的决心坚定，下午时段开盘后，股价斜线上冲，最终在进入尾盘时到达了涨停板上，当日收出一根光头大阳线。

3 月 12 日，该股以高价开盘后冲高回落，出现了明显的颓势，盘中价格持续下滑，14:00 之后彻底跌落到前日收盘价下方，最终以 9.98% 的跌幅收出一根光脚大阴线。

将这两根 K 线结合来看，可以发现两根 K 线的实体较长，阴线在阳线最高价之上开盘，收盘价则深入阳线实体内部一半以上，二者共同形成了乌云盖顶 K 线组合形态。在连续涨停后出现跌停，无疑是股价即将转入弱势的标志，无论后市还有没有上涨空间，短时间的剧烈下跌不可避免，投资者最好择机卖出。

从后续的走势可以看到，乌云盖顶形成后，该股迅速下滑到了 30.00 元价位线附近，止跌后形成了反弹。

但此次反弹的高位仅接近了 55.00 元，与前期高点 60.78 元之间还存在不小的差距。因此，后市继续创新高的可能性较低，还未离场的投资者可趁机出局。

No.10 镊子线

一图展示

图 2-19　镊子线示意图

知识精讲

镁子线是由三根K线构成的顶部K线组合形态，第一根K线和第三根K线分别是实体较长的阳线和阴线，中间则是一根实体较小的小K线，可阴可阳，整体看起来就像一把镁子夹着东西。

镁子线的关键在于三根K线的最高价要尽量相等，这样发出的见顶信号才足够可靠。

但在实际情况中，绝对标准的镁子线很难找到，因此，三根K线的最高价处于相近的位置上也是允许的，只是相差不能太大。

下面来看一个具体的案例。

应用实例

力盛体育（002858）镁子线K线组合形态解析

图2-20所示为力盛体育2020年10月到2021年1月的K线图。

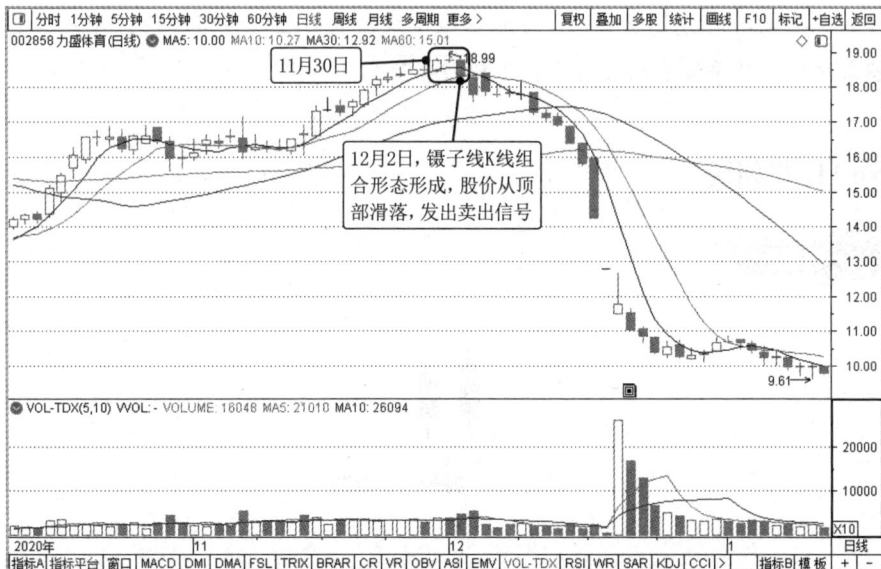

图2-20 力盛体育2020年10月到2021年1月的K线图

从 K 线图中可以看到，力盛体育正处于趋势转向的过程中。从均线组合的状态可以发现，进入 10 月后，股价止跌回升，很快来到了均线组合之上。

10 月下旬，股价在 17.00 元价位线附近受到阻碍后形成横盘，随后长时间在 16.00 元到 17.00 元的价格区间内震荡。11 月中旬，该股再度上涨，成功突破横盘区间后接连上涨。

11 月 30 日，该股以平价开盘后震荡高走，当日收出一根阳线，最高价为 18.88 元。次日，股价依旧以平价开盘，但在开盘后形成了反复的震荡，均价线长时间走平，临近尾盘时股价下滑，最终收出一根小阴线，最高价为 18.99 元。12 月 2 日，股价高开低走，盘中颓势明显，当日形成一根阴线，最高价为 18.90 元。

由此可见，这三根 K 线的最高价处于相近的位置上，并且中间的 K 线实体极小，被一阳一阴两根 K 线夹在其中，形成了镊子线 K 线组合形态。

在此之前，该股已经有了比较可观的涨幅，因此，在此处形成的镊子线就有可能是转势的预兆。谨慎的投资者可以先行卖出，惜售的投资者可以再观察一段时间。

从后续的走势可以看到，该股在镊子线形成后连续收出阴线，并且跌速越来越快，几乎没有给投资者留下比较合适的止损点。

No.11 并列线

一图展示

图 2-21　并列线示意图

并列线由两根阴线构成，之所以被称为并列线，是因为两根阴线的实体长度和高度类似，形成了并列的情形。也就是说，两根阴线的开盘价和收盘价要分别处于相近的位置上。对于阴线的上下影线则没有过多的要求，并列线的关键在于K线实体。

当并列线出现在股价见顶当日，或是见顶之后的横盘区域时，将是较强的见顶信号。因为股价两次高开后都出现了低走，证明上方压力重，后市不容乐观，投资者需择机卖出。

下面来看一个具体的案例。

应用实例

中装建设（002822）并列线K线组合形态解析

图2-22所示为中装建设2019年12月到2021年7月的K线图。

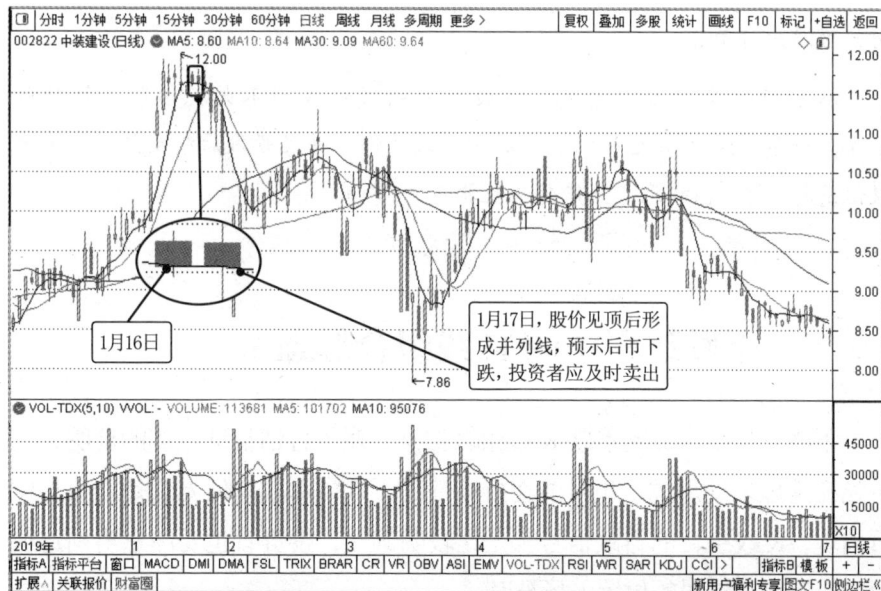

图2-22　中装建设2019年12月到2021年7月的K线图

从 K 线图中可以看到，中装建设正处于上涨行情的顶部。在 2019 年 12 月期间，股价还处于上涨之中，2020 年 1 月，该股向上越过 11.50 元价位线后滞涨，随后开始横盘。

在横向震荡期间，股价创出了 12.00 元的新高，随后又回落到 11.50 元价位线附近。

1 月 16 日，该股以 11.73 元的高价开盘，开盘后形成了反复的震荡，最终以 0.17% 的涨幅收出一根小阴线，收盘价为 11.62 元。

1 月 17 日，股价以 11.72 元的高价开盘后围绕均价线上下波动一段时间后迅速下行，跌至 11.52 元价位线附近止跌回升，最终以 11.62 元的价格收出一根小阴线。

从这两根 K 线的状态可以看出，两根 K 线都是阴线，并且开盘价与开盘价、收盘价与收盘价都处于相近的位置上，二者共同构成了并列线 K 线组合形态。

股价在经历大幅上涨后形成滞涨，本就有上推动能衰竭的迹象，于高位滞涨区域形成的并列线，其看跌意味就更加浓重了。因此，谨慎的投资者此时就可以先行卖出。

从后续的走势可以看到，该股在并列线形成后不久就出现了快速的下跌，一路跌至 8.50 元价位线附近才止跌反弹。并且股价后续反弹的高点也仅仅是越过了 11.00 元，只能作为止损点。

二、下跌过程中的 K 线组合形态

下跌过程中形成的看跌 K 线组合形态，属于行情继续走弱的证明，它可能在整理末期形成，也可能在持续性的下跌中形成。但无论是在何种位置出现，K 线组合的看跌信号都是比较明确的，投资者也要注意辨别这些形态，避免在错误的位置入场被套。

No.12　空方炮

一图展示

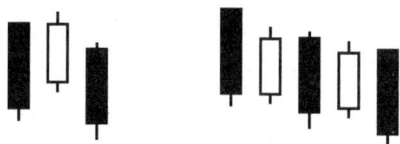

图 2-23　空方炮示意图

知识精讲

空方炮也被称为两阴夹一阳，主要由三根 K 线构成。其中，第一根 K 线和第三根 K 线都是阴线，中间的 K 线是一根实体与阴线相近的阳线。同时，阳线的收盘价与其中一根阴线的开盘价大致相近。

在下跌过程中，空方炮很容易连续形成，如图 2-23（右）展示的那样，证明多头意图上攻，但市场看跌情绪浓厚，在上涨力度不足的情况下，股价依旧会在次日形成阴线。

因此，借助空方炮中的两根阴线，市场趋势将持续下滑，直到场内多方的反抗力度超过空方，股价才会止跌，形成横盘或反弹走势。

对于场外的短线投资者来说，一定不能将空方炮中昙花一现的阳线当作入场信号，就算想抢反弹，也最好观察几日后再做决定。对于已经被套的投资者来说，就不能再耽搁了，最好选择合适的位置尽快止损。

下面来看一个具体的案例。

应用实例

高争民爆（002827）空方炮 K 线组合形态解析

图 2-24 所示为高争民爆 2020 年 7 月到 12 月的 K 线图。

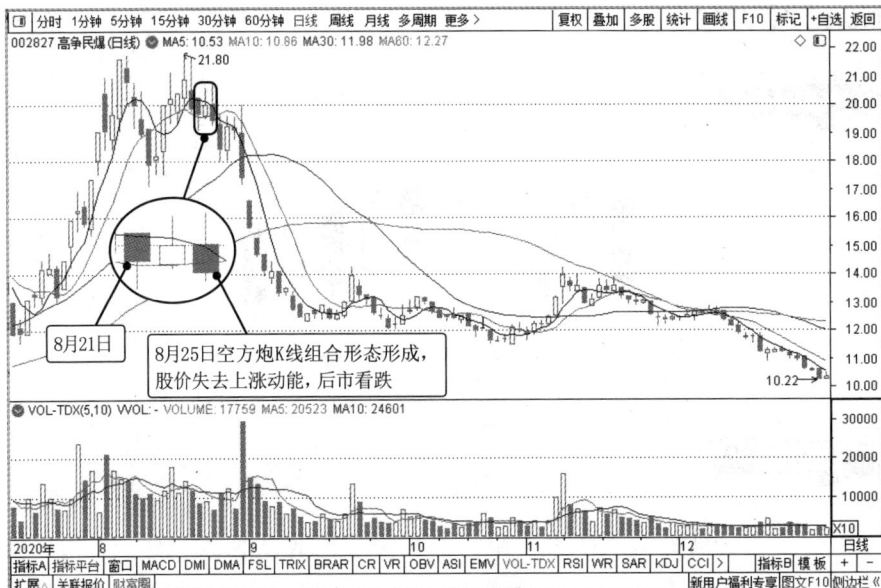

图 2-24　高争民爆 2020 年 7 月到 12 月的 K 线图

从 K 线图中可以看到，高争民爆正处于上涨行情的高位。在 7 月期间，股价涨势积极，K 线收出多根大阳线，价格迅速从 12.00 元价位线附近上升至 20.00 元价位线上。

进入 8 月后，该股仍在上涨，但就在股价越过 21.00 元价位线后，受到了上方的阻碍，回落到 18.00 元价位线附近，止跌后再次上冲。8 月中旬，股价再度冲破 21.00 元价位线并创出 21.80 元的新高，随后股价上涨动能衰竭，无力再创新高，该股进入了高位滞涨中。

8 月 21 日，股价以 20.26 元的高价开盘后震荡下跌，盘中触底后回升，经历长时间的反复波动后，最终收出一根阴线。8 月 24 日，股价小幅低开后形成高走，盘中见顶回落，最终以 20.00 元的价格收出一根阳线。8 月 25 日，股价以 20.01 元的高价开盘，并在开盘后短暂上冲，随后拐头下跌，当日再次收出一根阴线。

根据这三根 K 线的形态来看，第一根和第三根 K 线都是阴线，中间的阳线收盘价则与第三根阴线的开盘价相当，同时，三根 K 线的实体长度也差不多，基本符合空方炮技术形态的要求。

在股价失去上涨动能形成滞涨的区域出现空方炮，很可能是空方把握主动权，后市即将转入下跌的信号。因此，谨慎的投资者就需要快速出局，保住收益了。

从后续的走势也可以看到，空方炮形成后不久，该股就形成了快速的下跌行情，同时成交量量能急剧放大，说明有主力在此大批量出货，市场转弱的情形十分明朗，还未离场的投资者要抓紧时间。

No.13　三只乌鸦

一图展示

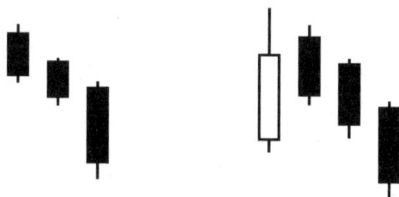

图 2-25　三只乌鸦示意图

知识精讲

三只乌鸦，是由连续的三根阴线构成的看跌组合 K 线形态。这三根阴线互相交错，开盘价都处于前一根 K 线的实体内部，对于实体长度则没有过多要求。当然，阴线实体越长，形态就越标准。

除此之外，三只乌鸦还有一个加强版形态，就是在三根阴线之前加上一根实体较长的阳线，第一根阴线实体低于阳线最高价，这样的 K 线组合形态被叫作三只乌鸦挂树梢，如图 2-25（右）展示的形态。

比起普通的三只乌鸦 K 线组合形态，三只乌鸦挂树梢形态形成的卖点更具有优势。因为在其之前股价可能形成了一定的反弹，为被套投资者和抢反弹的投资者提供了一定的收益。在此卖出的话，被套投资者的损失会相应降低，抢反弹的投资者也能将收益兑现。

下面来看一个具体的案例。

应用实例

裕同科技（002831）三只乌鸦K线组合形态解析

图 2-26 所示为裕同科技 2021 年 8 月到 2022 年 4 月的 K 线图。

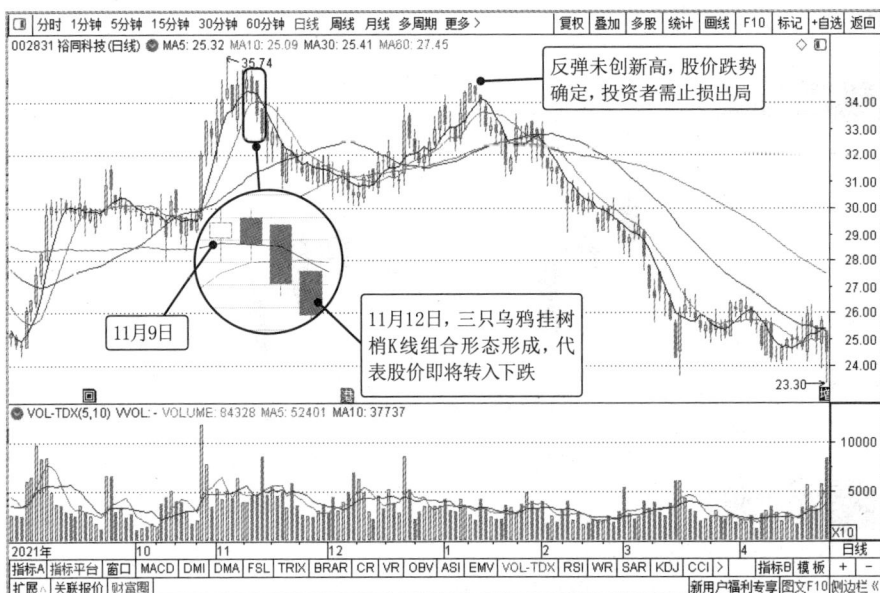

图 2-26　裕同科技 2021 年 8 月到 2022 年 4 月的 K 线图

从 K 线图中可以看到，裕同科技正处于上涨趋势向下转向的过程中。从均线组合的状态可以看出，在 2021 年 8 月以前，股价还在下跌，跌至 25.00 元价位线附近止跌后横盘了一段时间，随后在成交量的推动下再度上涨，突破均线的压制后来到了 30.00 元价位线附近。

该股在 30.00 元价位线附近形成了横盘，长时间在 29.00 元到 31.00 元的价格区间内上下波动。10 月底，成交量突兀放出巨量，股价急速上涨，突破盘整区间后继续上行，很快便冲到了 35.00 元价位线以上，但在创出 35.74 元的高价后小幅回落，形成滞涨。

11月9日，该股以高价开盘后反复震荡，盘中经历了快速的下跌和回升后，最终以34.88元的价格收出一根带长上影线的小阳线，最高价为35.25元。次日，股价以35.00元小幅高开后同样形成了震荡，最终以34.39元的收盘价收出一根阴线。

其后的两个交易日，K线连续收出阴线，开盘价分别为34.83元和33.80元，收盘价分别为33.52元和32.82元。

将这四根K线结合起来看，可以发现第一根阴线的开盘价位于阳线最高价之下，其后的两根阴线开盘价都在前一根阴线实体内部，4根K线共同构成了三只乌鸦挂树梢形态。

在股价滞涨的高位形成三只乌鸦挂树梢，很可能是上涨趋势即将转向的迹象，这一点从形态形成后股价依旧收阴也可以看出。因此，机警的投资者最好在形态出现后就迅速出局，惜售的投资者如果选择继续观望，就要把握好止损点的位置。

从后续的走势也可以看到，该股形成三只乌鸦挂树梢形态后，跌至31.00元价位线附近横盘数日，随后形成了反弹。观察反弹高点，可以发现此次反弹在离35.74元的高位还有一段距离时就拐头下跌，说明上涨动力不足，后市难创新高，投资者需止损出局。

No.14　下降覆盖线

一图展示

图2-27　下降覆盖线示意图

下降覆盖线由四根 K 线构成，分别是两根阳线和两根阴线，互相交错，每一根 K 线都有对应的要求，具体如下：

- 第一根 K 线为阳线，其形态没有太多要求。

- 第二根 K 线为阴线，最低价要低于前一根阳线的最低价。

- 第三根 K 线为阳线，实体相较于前一根阴线的实体较小，对其位置则没有要求。

- 第四根 K 线为阴线，实体向上深入前一根阳线内部，甚至越过阳线收盘价，阴线收盘价则可能跌破阳线最低价，实体将阳线完全包裹。

下降覆盖线组合比较普遍，在行情的各个位置都可能出现，但其代表的含义始终是短时间内股价下跌。因此，投资者在不同位置发现该 K 线组合时就要根据实际情况决策了。

下面来看一个具体的案例。

同为股份（002835）下降覆盖线 K 线组合形态解析

图 2-28 所示为同为股份 2020 年 6 月到 2021 年 3 月的 K 线图。

从 K 线图中可以看到，同为股份正处于上涨行情的高位。在 2020 年 6 月到 7 月期间，股价还维持着积极的上涨，并且越到后期涨速越快，甚至在 8 月初形成了多次涨停。

在多根大阳线的推动下，该股很快越过了 24.00 元价位线，并创出了 25.98 元的新高。但就在创出新高的当日，该股冲高回落，收出阴线后一路下滑，直至跌破 20.00 元价位线后才暂时止跌。

8 月 18 日，该股以低价开盘后迅速上冲，盘中接触到压力线后见顶回落，后续持续低走，最终收出一根阳线，最低价为 19.00 元。

次日，股价低开低走，K线收出一根实体较长的阴线，最低价为18.00元。

第三日，股价以17.91元的低价开盘后小幅上升，形成了一段时间的横向震荡后，于下午时段快速上冲，最终K线收出一根实体较小的阳线，最低价为17.91元。

8月21日，股价以18.40元的高价开盘后低走，盘中反复震荡，K线收出一根阴线，最低价为17.53元。

从这四根阴阳交错的K线可以发现，第二根阴线最低价低于前一根阳线的最低价，第三根阳线的实体比前一根阴线的实体小，第四根阴线则包裹住了前一根阳线的实体，四根K线构筑出了下降覆盖线。

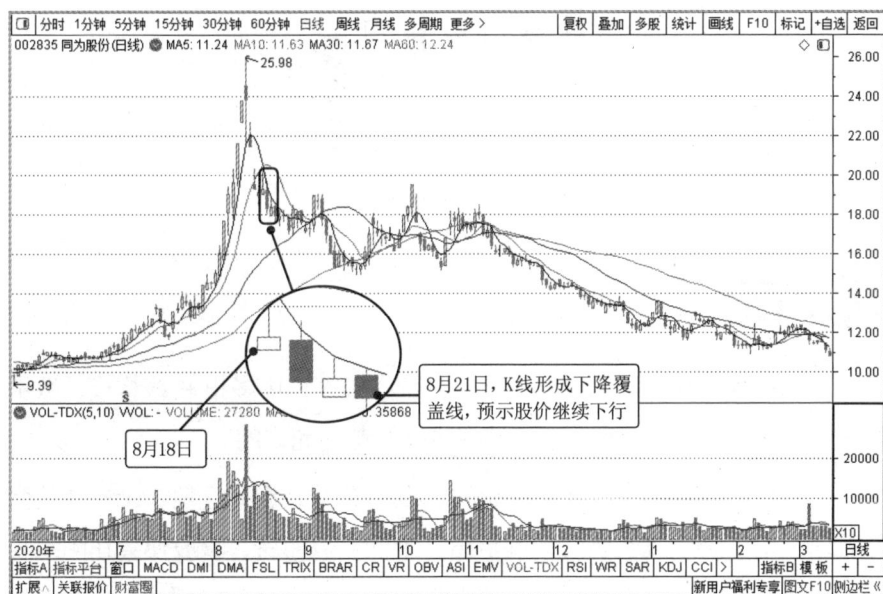

图2-28 同为股份2020年6月到2021年3月的K线图

股价从顶部滑落后形成的下降覆盖线，多半代表的是下跌趋势的延续。也就是说，该股短时间内很难再有更好的表现，行情转向下跌成为大概率事件。因此，投资者最好及时出局，以期止损。

从后续的走势也可以看到，该股在形成下降覆盖线后，就一直处于下滑之中。9月中旬，该股跌至16.00元价位线附近后止跌，形成了横向的震荡，但高点仅接近了20.00元，远远达不到继续上涨的标准。

因此，这些反弹高点仅可视作止损点和抢反弹的止盈点，投资者不能贸然将其当作入场点。

No.15 下档盘旋

一图展示

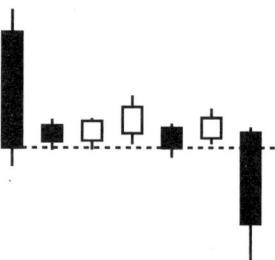

图 2-29　下档盘旋示意图

知识精讲

下档盘旋也常被称为低档盘旋、低位盘旋等，由多根K线构成，数量在5～8根，但实际情况中多一些或少一些都是允许的。

下档盘旋组合的关键在于盘旋的几根小K线，在此之前，个股往往会先收出一根中阴线或大阴线，确定出一个低点。随后，该股便会在阴线收盘价或最低价附近收出数根实体较小的K线，并且最低价都位于相近的位置上。最后，股价会以一根中阴线或大阴线跌破盘旋支撑位，破坏横盘形态，代表股价进入了下跌之中。

那么，下档盘旋K线组合形态的含义就很明显了，它是股价下跌途中的短暂休整，也是一种中继形态。待到盘旋支撑线被跌破，新的下跌便会开始，跌破的位置就是明确的卖点，不过谨慎的投资者也可以在K线盘旋过程中提前出局。

下面来看一个具体的案例。

应用实例

湘佳股份（002982）下档盘旋K线组合形态解析

图2-30所示为湘佳股份2020年11月到2021年4月的K线图。

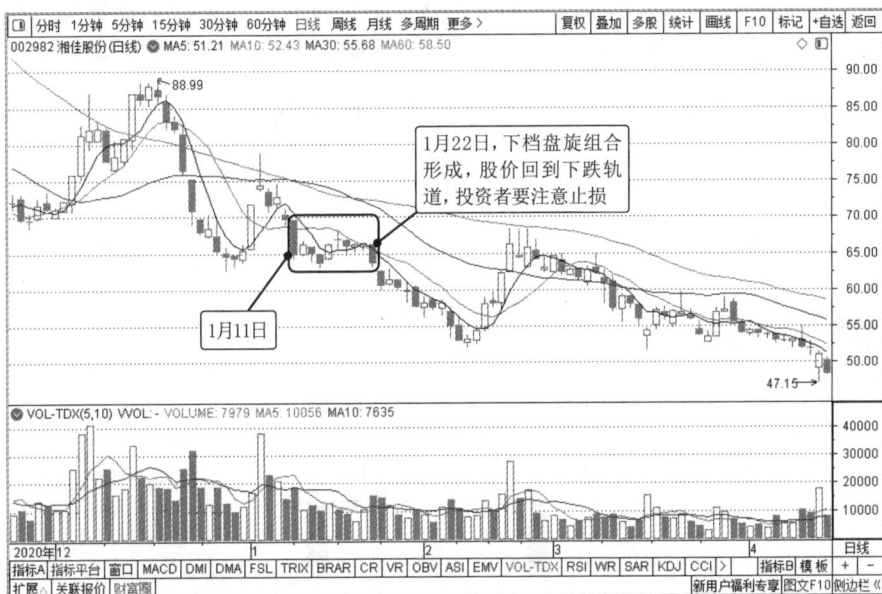

图2-30 湘佳股份2020年11月到2021年4月的K线图

从K线图中可以看到，湘佳股份正处于下跌阶段中。从均线组合的状态可以看出，在2020年12月之前，股价还维持着快速的下跌，均线下行角度较大。

11月底，该股跌至70.00元价位线附近止跌横盘，随后于12月初形成了快速的反弹，很快上行至88.99元的高位。在此之后，该股触顶回落，在K线连续收阴的带动下，价格在短时间内就跌到了65.00元价位线附近，并再次形成了反弹。

不过，此次反弹的力度明显较小，股价在向上穿过 30 日均线和 60 日均线之后，在接近 80.00 元价位线的位置触顶下跌。2021 年 1 月 11 日，股价小幅高开后快速下跌，盘中持续走低，最终以 6.85% 的跌幅收出一根大阴线，最低价小幅跌破了 65.00 元价位线。

在后续的数个交易日内，该股连续收出了多个实体较小的 K 线，并且基本都围绕在 65.00 元价位线附近。1 月 22 日，该股低开低走，盘中触底后小幅回升，最终收出一根大阴线，开启了继续下跌的走势。

将这根大阴线与 1 月 11 日的大阴线及后续低位盘旋的小 K 线结合，构筑出了下档盘旋 K 线组合形态。并且由于该组合形成于股价反弹后的位置，可以将其视作短暂的整理，后市依旧看跌。因此，投资者此时最好跟随阴线出局，及时止损。

No.16 分手线

一图展示

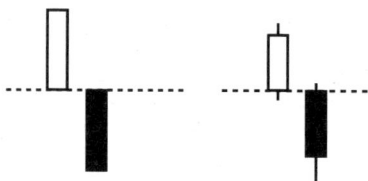

图 2-31　分手线示意图

知识精讲

分手线由一阳一阴两根 K 线构成，K 线的实体大小相当，开盘价相等或处于相近的位置，运行方向却截然相反，整体形态仿佛关系要好的两人在分开后背道而驰。

这样的形态明显是上涨动力耗尽，下跌即将开启的预兆，K 线实体越长，卖出信号越强烈。并且由于分手线出现频率较低，当其形成于股价见顶下跌的过程中，或是持续性的下跌阶段中时，往往具有较高的参考价值。

因此，无论是短线投资者还是中长线投资者，一旦在这些位置发现分手线，尤其是比较标准的分手线时，还是以离场为佳，避免因判断失误被套场内，损失惨重。

下面来看一个具体的案例。

应用实例

神州泰岳（300002）分手线 K 线组合形态解析

图 2-32 所示为神州泰岳 2019 年 3 月到 8 月的 K 线图。

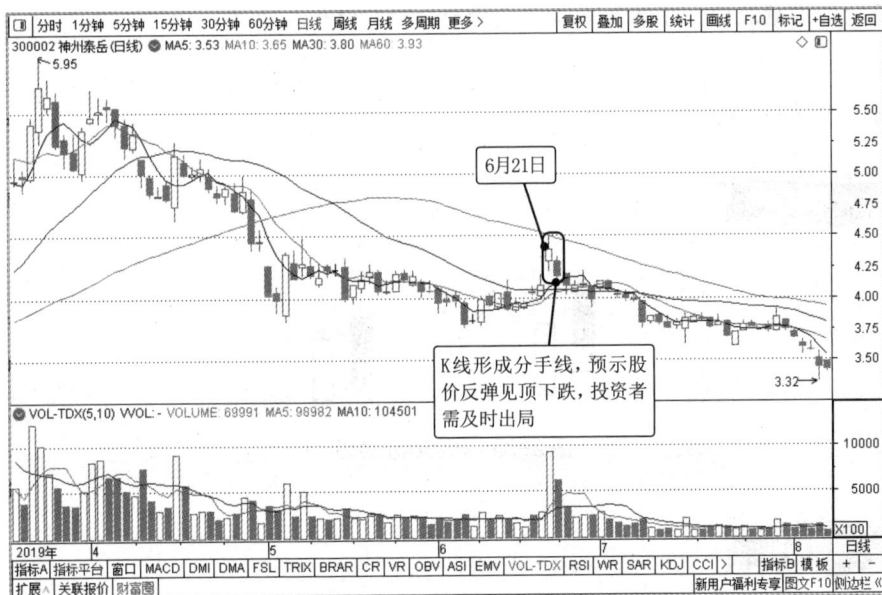

图 2-32 神州泰岳 2019 年 3 月到 8 月的 K 线图

从 K 线图中可以看到，神州泰岳正处于下跌过程中。从均线组合的状态可以看出，在 3 月下旬以前，该股还处于上涨状态中，待到创出 5.95 元的新高后，股价转头进入下跌之中。

在经历了一个多月的下跌后，该股于 5 月初来到了 4.00 元价位线附近，并在此价位线上横盘震荡。6 月初，股价小幅跌破 4.00 元价位线后形成反弹，很快便来到了 4.25 元价位线以上。

6 月 21 日，该股向上跳空，以 4.30 元的价格高开后震荡高走，盘中接触到 4.51 元的高价后触顶回落，最终以 7.07% 的涨幅收出一根中阳线。6 月 24 日，该股依旧以 4.30 元的价格开盘，但在开盘后就在不断下跌，盘中触底后回升，以 5.01% 的跌幅收出一根中阴线。

将这两根 K 线结合来看，可以发现它们不仅拥有相同的开盘价，实体长度还基本一致，前阳后阴，符合分手线的技术形态要求。

那么，在股价反弹见顶回落过程中形成的分手线，就是很明显的撤离信号了。它意味着多方的反弹告一段落，短线获利盘和前期被套盘带来的抛压将持续影响股价，导致其下跌，投资者此时应以出局为佳。

No.17 斩回线

一图展示

图 2-33　斩回线示意图

知识精讲

斩回线同样由一阴一阳两根 K 线构成，阴线在前，阳线在后，两根 K 线的实体都要在中等（即中阴线、中阳线）及以上。同时，阳线的开盘价要位于阴线收盘价以下，收盘价则要深入阴线实体内部一半以上，但不能将其完全覆盖。

斩回线若是在股价高位或者下跌过程中形成，就是多方短暂反攻，但力度不足的体现。若后市 K 线难以继续收阳，那么该股大概率还会继续下跌，谨慎的投资者可提前出局，惜售的投资若在发现股价仍旧下跌后，也要及时卖出。

下面来看一个具体的案例。

应用实例

网宿科技（300017）斩回线 K 线组合形态解析

图 2-34 所示为网宿科技 2020 年 1 月到 5 月的 K 线图。

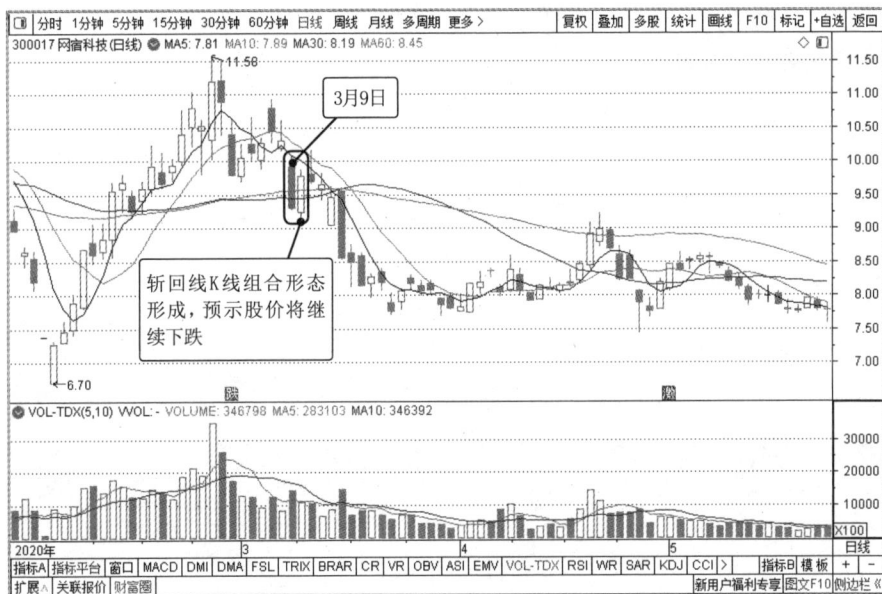

图 2-34　网宿科技 2020 年 1 月到 5 月的 K 线图

从 K 线图中可以看到，网宿科技正处于下跌行情之中。不过，在 2 月初时股价跌出 6.70 元的低价后止跌，随后迅速上涨，形成了积极的反弹。

在长达一个月左右的时间内，该股从 7.00 元价位线以下很快上扬至 11.50 元价位线以上，但在创出 11.58 元的新高后拐头下跌，结束了这一波反弹涨势。

　　3 月 9 日，该股在下跌过程中跳空低开，盘中震荡低走，当日收出一根跌幅达到了 9.89%，接近跌停的大阴线。3 月 10 日，股价依旧低开，开盘后围绕前日收盘价震荡了较长时间，下午时段股价上冲，触顶后小幅回落，K 线收出一根涨幅达 5.27% 的大阳线。

　　由此可见，3 月 10 日形成的阳线不仅开盘价低于前一根阴线的收盘价，收盘价还大幅向上深入阴线实体内部，形成了标准的斩回线 K 线组合形态。结合当前股价所处的位置来看，该形态向投资者传递的是看跌信号，谨慎的投资者可以提前出局。

　　从后续的走势也可以看到，该股在斩回线形成后，围绕 9.50 元价位线横盘了一段时间，但最终还是向下跌去，说明多方反攻失败。此时，惜售的投资者也要尽快卖出了。

第三章

个股走势中的K线卖出形态

　　行情走势中形成的K线卖出形态，基本上对K线数量没有过多限制，通常只对构筑时间和准确度有要求，比如倒V形顶、头肩顶、下降三角形等。这类卖出形态相较于单根或多根K线形成的K线组合形态来说，对行情的预示作用更强，看跌信号也更具有说服力，是投资者需要掌握的一类重要形态。

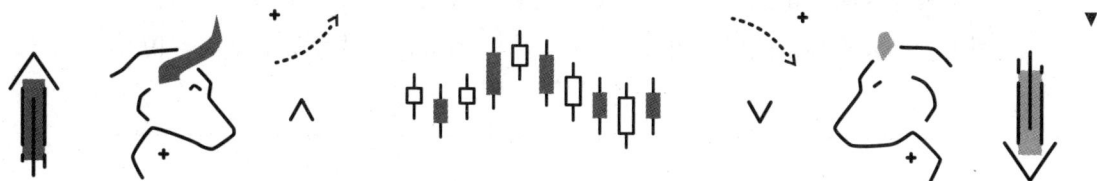

一、特殊顶部形态用法

特殊顶部形态是一种形成于阶段顶部或是行情顶部的卖出形态，一般来说构筑时间较长，大部分都在一个月及以上，这样才能保证形态的可靠性和信号强度。

同时，这些顶部形态都有一条关键的支撑线，也被称为颈线，它是形态是否成立，信号是否发出的重要研判依据。下面就来逐一了解这些卖出形态的使用方法。

No.01 冲高回落倒 V 形顶

一图展示

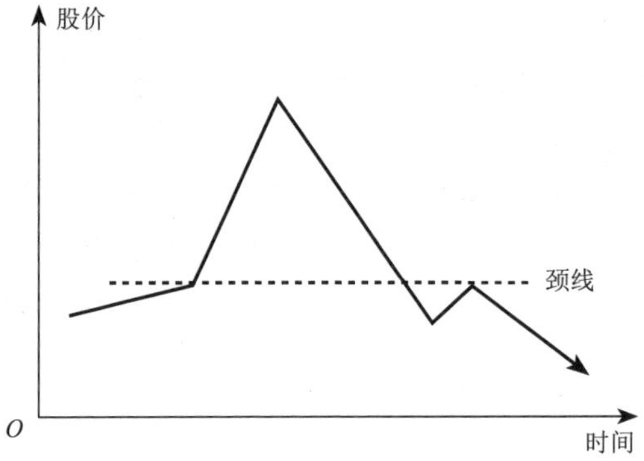

图 3-1 倒 V 形顶示意图

知识精讲

倒 V 形顶也常被称为尖顶，名称非常形象，从其示意图就可以看出，倒 V 形顶整体像一个倒转的字母"V"。

其形成原因也比较简单，大概率是主力和场内看多力量共同发力，将原本已经处于高位的股价再度向上拉升，短时间内形成急促的上涨，拉升初始的价位线就是颈线。

待到某一时刻股价见顶后，主力和获利盘开始大批量出货，导致个股立即拐头下跌。直到股价跌穿颈线，并形成回抽后（有时候可能不会回抽，直接下跌），倒 V 形顶彻底成立，强烈的转势信号就此产生。

一般来说，倒 V 形顶成立后回抽的位置是比较合适的卖点，但如果机警的投资者发现了形态的雏形，提前出局也是可以的，只是要注意判断倒 V 形顶是否能够成立，以免踏空后市行情。

下面来看一个具体的案例。

应用实例

以岭药业（002603）倒 V 形顶形态卖点

图 3-2 所示为以岭药业 2021 年 12 月到 2022 年 9 月的 K 线图。

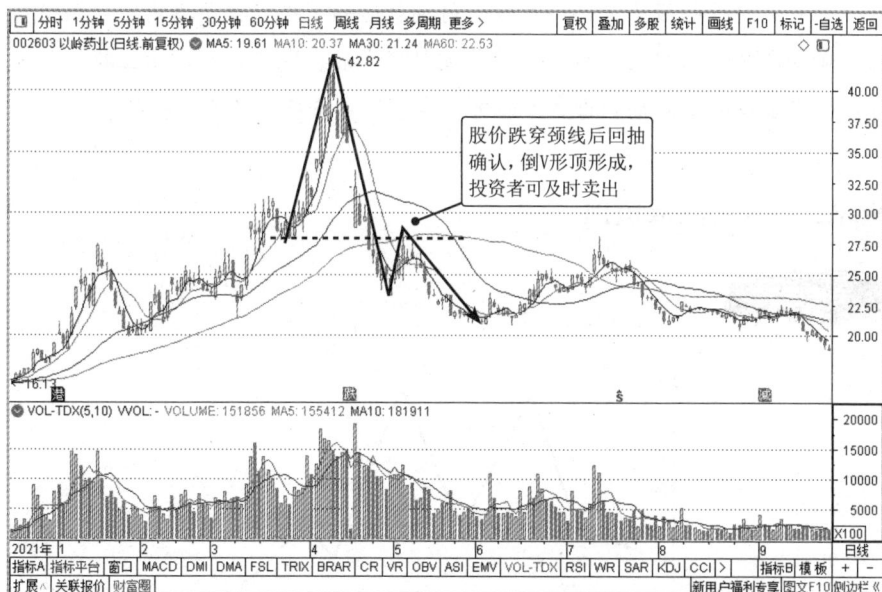

图 3-2 以岭药业 2021 年 12 月到 2022 年 9 月的 K 线图

从 K 线图中可以看到，以岭药业正处于一个完整的涨跌周期中。在

2021 年 12 月到 2022 年 3 月期间，该股大部分时间都处于收阳上涨中，期间只进行了几次明显的回调。

3 月中旬，股价上涨至 30.00 元上方后出现滞涨，在该价位线附近横盘数日后小幅回调，跌落至 27.50 元价位线附近后止跌再次上冲。

这次股价的涨速明显加快，在数根大阳线的推动下，该股很快来到了 40.00 元以上，在创出 42.82 元的新高后迅速拐头进入了下跌之中。

结合前期的加速上涨来看，该股有形成倒 V 形顶的迹象。那么，上次拉升的起始位置 27.50 元，就可以视作关键支撑线，也就是颈线。待到股价后续跌破颈线，倒 V 形顶形态就成立了。

从后续的走势可以看到，股价拐头下跌后跌速极快，短时间内就向下靠近了颈线，并于 4 月下旬直接将其跌破，一路落到了 25.00 元价位线下方。在此位置止跌后，股价形成了回抽，小幅越过颈线，确认上方压力后，该股再次下行，倒 V 形顶彻底成立。

此时，机警的投资者已经在股价前期急速的下跌中提前离场了。而惜售的投资者在发现倒 V 形顶成立，股价回抽完成后，也要及时卖出止损。如果部分投资者错过了回抽的卖点，还可以在后续股价反弹的高点出局。

No.02　二次冲高双重顶

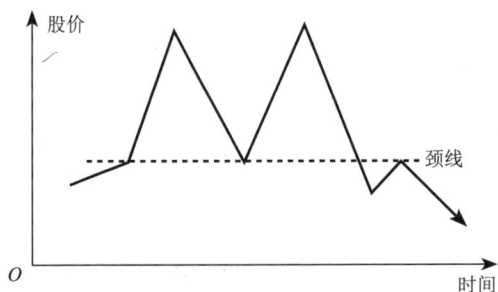

一图展示

图 3-3　双重顶示意图

知识精讲

双重顶是股价在高位经过两次上冲突破压力线失败后，拐头下跌形成的顶部形态，第一次下跌止跌回升的位置就是颈线。因其具有两个波峰，双重顶有时也被称为 M 顶。

注意，双重顶的两个波峰位置可以不在一条水平线上，只要大致相当就可以，但也不能相差太大。并且波峰之间相隔距离尽量在一个月以上，这样才能保证形态的可靠性。

双重顶的形成可能是主力意图将价格抬得更高，但由于资金不足等多种原因上推失败，无奈出货造成的。也可能是第一个波峰形成后手中筹码没有完全散出，通过再次拉升以便在散户入场时再次出货。

但无论是出于何种原因，待到形态颈线被跌破，股价回抽确认后，个股将进入下跌之中。

对于机警的投资者来说，其实在双重顶第二个波峰形成后，就可以卖出了；对于惜售的投资者来说，如果一定要等到形态成立，就要果断决策，尽早卖出，避免越套越深。

下面来看一个具体的案例。

应用实例

盐津铺子（002847）双重顶形态卖点

图 3-4 所示为盐津铺子 2020 年 7 月到 2021 年 1 月的 K 线图。

从图 3-4 可以看到，盐津铺子正处于上涨行情的顶部。在 2020 年 7 月期间，股价经历了一次回调后跌落至 100.00 元价位线附近，横盘一段时间后再度上涨。

8 月底，股价逐步上涨至 150.00 元价位线附近后受阻滞涨，横向运行数日后拐头下跌，回调至 130.00 元价位线上方，止跌后小幅回升，随后开始横盘震荡。

9月下旬，该股整理完毕再次上涨，短时间内就冲到了150.00元价位线以上，在创出新高后见顶回落，很快便进入了下跌之中。

此时，该股已经形成了两个相差不大的峰顶和一个波谷，双重顶的雏形出现，并且很有可能在不久之后就成立。此时，接收到危险信号的投资者就要先行出局了。

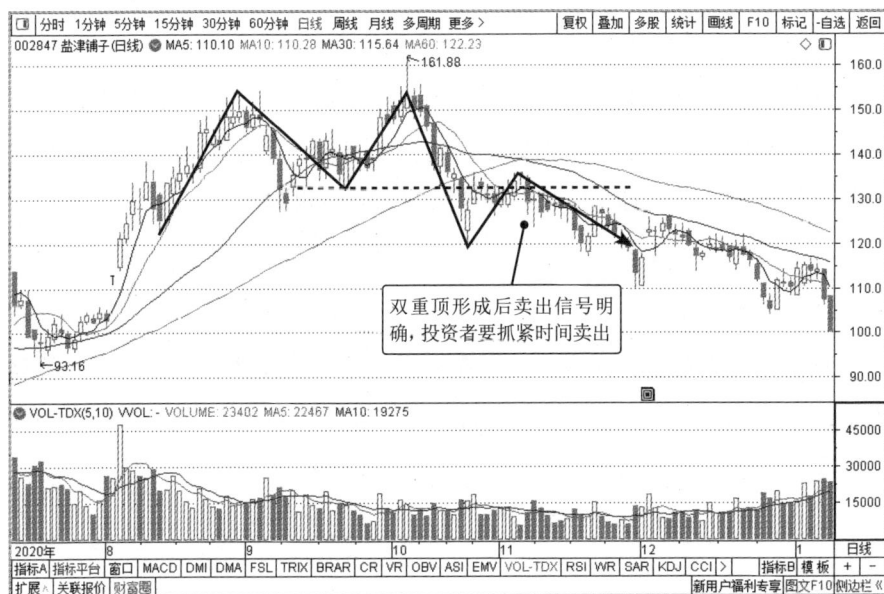

图 3-4　盐津铺子 2020 年 7 月到 2021 年 1 月的 K 线图

从后续的走势可以看到，该股在160.00元价位线附近见顶后很快下跌，并于10月中旬跌破了前期低点，也就是颈线的位置。

在跌至120.00元价位线上后该股止跌，随后形成回抽，在颈线附近受阻后确认了上方压力，拐头进入下跌之中，双重顶形态成立。

顶部形态的成立意味着下跌行情的开启，已经离场的投资者注意不要轻易参与；还留在场内的投资者也要及时在回抽的位置，或是在后续股价反弹的高点卖出，以期止损。

No.03 日落西山头肩顶

一图展示

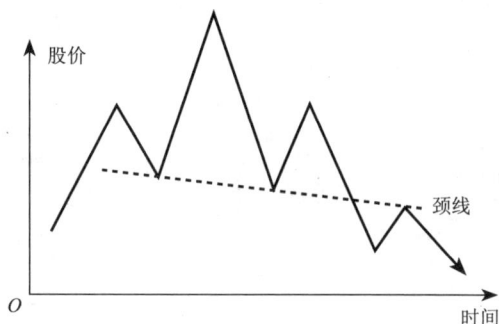

图3-5 头肩顶示意图

知识精讲

头肩顶是一种更为复杂的顶部形态，它由三个波峰和两个波谷构成。从其示意图可以看出，头肩顶的第一个波峰和第三个波峰高度相当，唯有中间的波峰非常突出，仿佛一个人的两肩和头部。

再来观察其波谷，严格来说，标准的头肩顶需要这两个低点相等，但实际情况中很难维持这种绝对的标准。因此，大部分情况下，头肩顶两个波谷的位置并不处于同一水平线上，而是向上或向下稍微倾斜，两个低点的连线就是颈线。

头肩顶的形成原理与双重顶类似，只是其中的波折要多一些。并且相较于双重顶来说，头肩顶构筑的时间往往较长，信号强度也要更胜一筹，后市下跌空间可能比较大。

投资者如果能够在形态构筑过程中提前发现，最好选择合适的位置卖出，或是在形态成立后及时止损。

下面来看一个具体的案例。

应用实例

中新赛克（002912）头肩顶形态卖点

图3-6所示为中新赛克2019年12月到2020年9月的K线图。

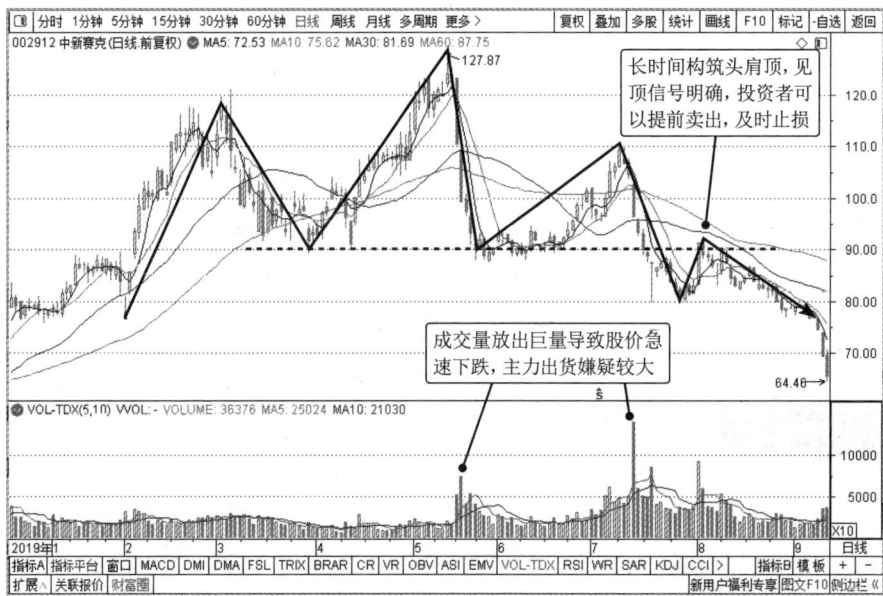

图3-6　中新赛克2019年12月到2020年9月的K线图

从K线图中可以看到，中新赛克正处于上涨行情的高位。在2019年12月期间，股价还在80.00元价位线附近滞涨横盘，直到进入2020年1月后，该股才再次开始上涨。

经历了几次震荡后，该股于2月下旬来到了120.00元价位线附近，在此受阻回落后股价再次上冲，但依旧未能冲破该价位线的压制，最终形成了回调下跌。

3月下旬，该股跌至90.00元价位线附近止跌，随后形成横盘震荡。4月初，该股修整完毕继续上涨，在成功冲破120.00元价位线后创出了127.87元的新高。

但在此之后，该股就出现了急速的下跌，短短数日就收回了前期长达一个月的涨幅，成交量也形成了明显的放量。此处很有可能是主力大批量出货导致的，预警信号发出，谨慎的投资者可先行出局。

继续来看后面的走势，股价跌至 90.00 元价位线附近后止跌横盘，一段时间后再次上攻。此次股价的上涨伴随着明显的成交量放量，这一点与前期都有所不同，说明有主力介入拉升，但结合 5 月中旬的出货行为来看，主力目的显然并不单纯。

7 月初，该股在 110.00 元价位线附近见顶，拐头进入下跌。在下跌过程中的一个交易日内，成交量突然急剧放量，导致股价直接跌停，主力出货的嫌疑很大。并且此时头肩顶形态已经出现，两相结合，后市发展不容乐观，投资者要看好时机跟随卖出。

果然，股价在 7 月中旬彻底跌破了 90.00 元价位线，也就是头肩顶的颈线，随后回抽确认压力，转向继续下跌，发出明确卖出信号。此时，还留在场内的投资者就要抓紧时间止损了。

No.04　乌云密布多重顶

一图展示

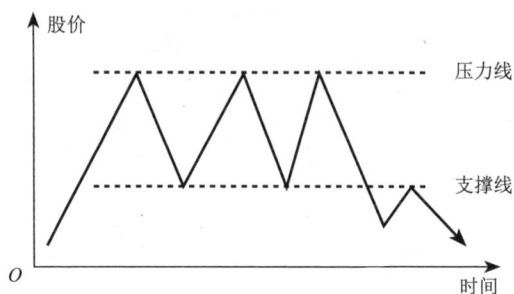

图 3-7　多重顶示意图

知识精讲

多重顶其实是股价在到达高位后反复震荡形成的，短时间内无法确定未来走向，类似于高位滞涨横盘的状态。

很多时候，多重顶的波动都是没有规律的，比如形成圆弧状或是锯齿状等，这也导致很多投资者难以辨别股价何时进入下跌，只能提前卖出，止盈离场。

而示意图中展示的是一种比较理想的状态，即股价在高位震荡的过程中形成了辨识度较高的压力线和支撑线，使得股价长时间在此价格区间内波动。这样一来，股价向下跌破，开启下跌走势的时机就比较好把握了，投资者可以借助股价回抽的高点止损。

下面来看一个具体的案例。

应用实例

森马服饰（002563）多重顶形态卖点

图 3-8 所示为森马服饰 2021 年 3 月到 9 月的 K 线图。

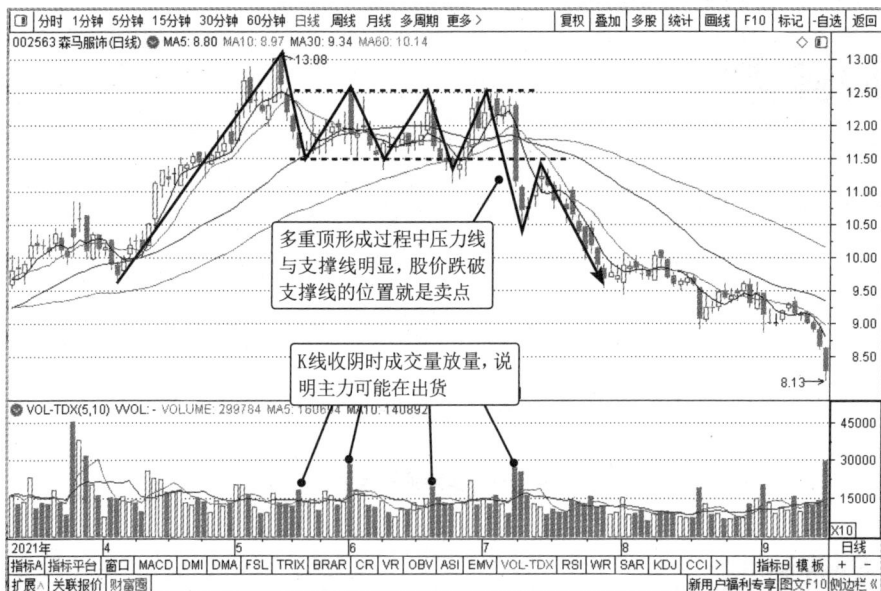

图 3-8　森马服饰 2021 年 3 月到 9 月的 K 线图

从 K 线图中可以看到，森马服饰正处于上涨行情的高位。在 3 月到 4 月期间，股价还在震荡中向上攀升，尤其到 4 月，股价涨势更为积极，几乎没有出现明显的回调。

但在进入 5 月后，该股小幅越过 13.00 元价位线，并创出 13.08 元的新高后就冲高回落。该股跌至 11.50 元价位线附近止跌，随后形成回升，但数日后便在 12.50 元价位线附近止涨，再次回落。

在后续近两个月的时间内，该股大部分时间都在 11.50 元到 12.50 元的价格区间内上下波动，有形成多重顶的可能。但此处是否能够确定是行情高位，而不是上涨过程中的整理呢？

投资者可以依靠成交量来辅助判断。仔细观察股价震荡期间的成交量，可以发现每当该股形成明显下跌，收出的阴线实体较长时，成交量都会对应形成或大或小的放量。

这就说明在此期间，主力很有可能在一批一批地散出筹码。当股价跌落至某一位置时，主力发力推涨，投资者也纷纷挂出买单；当其回升到一定位置时则大量卖出，由此形成一条支撑线与一条压力线，将价格维持在二者之间。综合分析判断，此处主力制造的多头陷阱和出货痕迹明显，后市转向下跌的可能性较大。

因此，该股这段时间的震荡就大概率是在构筑多重顶，谨慎的投资者也可选择一个高点跟随卖出；惜售的投资者如果希望继续持股的话，要保持高度警惕。

从后续的走势可以看到，进入 7 月后，该股再次于 12.50 元价位线附近滞涨横盘了一段时间，之后该股突然出现了一根比前期阴线实体都要长许多的大阴线，一举跌破了 11.50 元价位线，成交量也出现了明显放量，主力再次出货。

在此之后，该股继续收阴跌至 10.50 元价位线上，止跌后形成回抽，在 11.50 元价位线下方受阻后拐头继续下跌，正式开启了下跌行情。那么，此时惜售的投资者也要及时出局止损了。

No.05 多方抵抗塔形顶

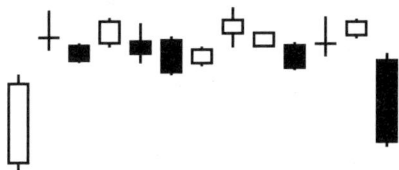

图 3-9　塔形顶示意图

　　塔形顶与前面介绍的几种顶部形态稍有不同，它的构筑时间可长可短，关键在于第一根大阳线和最后一根大阴线，两者中间则是实体相对较小的 K 线，可阴可阳。

　　那么，塔形顶的技术形态就很明确了，整体来看就仿佛宝塔的顶部一样，粗略一看与多重顶有些类似，下方都具有支撑线。

　　在塔形顶形态中，首先形成的大阳线是涨势延续的象征；后续的窄幅震荡 K 线则是市场推动力不足，股价滞涨的体现；最后形成的大阴线是主力和获利盘大批卖出，市场看跌的标志，后市下跌概率大。

　　因此，投资者若是在阶段顶部或是行情顶部发现了塔形顶，最好在股价彻底转变为下跌，并且跌幅拉大之前卖出，以期止盈或止损。

　　下面来看一个具体的案例。

爱尔眼科（300015）塔形顶形态卖点

　　图 3-10 所示为爱尔眼科 2021 年 8 月到 2022 年 1 月的 K 线图。

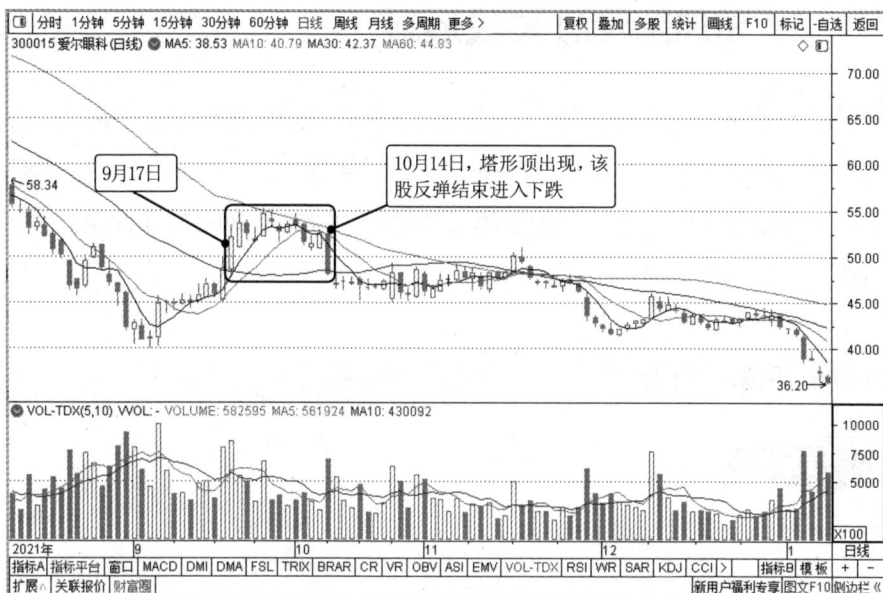

图 3-10　爱尔眼科 2021 年 8 月到 2022 年 1 月的 K 线图

　　从 K 线图中可以看到，爱尔眼科正处于下跌过程中。在 2021 年 8 月期间，该股还长时间处于均线组合的压制下，股价大幅收阴下跌，直到跌至 40.00 元价位线附近止跌后，才再度形成反弹。

　　在经历了近半个月的上涨后，股价来到了 50.00 元价位线附近。9 月 17 日，该股在以低价开盘后震荡了一段时间，随后快速上扬，最高达到 9.80% 的涨幅后冲高回落，最终以 6.92% 的涨幅收出一根大阳线。

　　在随后的交易日里，该股一直维持在 50.00 元到 55.00 元的价格区间内窄幅震荡，收出的 K 线实体相对较小。这样的状态一直维持到 10 月，10 月 14 日，股价低开后低走，盘中都比较低迷，最终以 8.52% 的跌幅收出一根大阴线。

　　将这根大阴线与前期形成的窄幅震荡 K 线，以及 9 月 17 日的大阳线结合来看，整体构成了塔形顶形态，大阴线就是反弹的终止以及下跌的开始。因此，投资者要在大阴线形成后及时出局，或是在后续的横盘整理过程中择高卖出。

二、整理阶段的 K 线形态

整理阶段的 K 线形态指的是股价在下跌行情中跌势暂缓，形成的一系列特殊的中继形态，代表行情的修整状态。待到形态结束，后期依旧是看跌的，但这些中继形态能够为被套投资者和短线抢反弹的投资者提供卖出时机，帮助各自止损或止盈。

No.06 下降三角形

一图展示

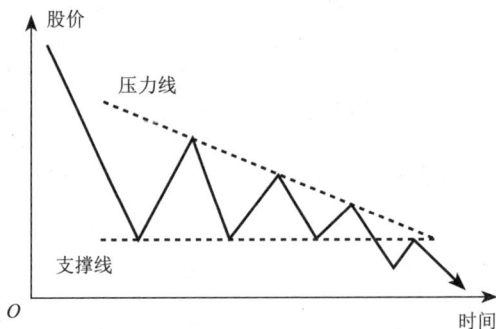

图 3-11　下降三角形示意图

知识精讲

下降三角形是股价在跌至某一位置后止跌回升，随后反复震荡，高点沿着一条斜线逐步下移，低点却基本维持在同一水平线上的一种常见的整理形态。

下降三角形构筑的过程，其实就是股价震荡幅度收敛的过程，越到后期，个股的波动区间越窄，距离支撑线被跌破的时间就越近。待到某一时刻支撑线被彻底跌破，再被回抽确认后，股价就将回到下跌轨道之中，投资者也该卖出了。

注意，下降三角形在形成过程中，每条边线至少要经过三个高点或低点，才能确认形态的有效性。

拓展知识 *下降三角形的特殊情况*

　　下降三角形还存在一种特殊情况，它有时候会出现在大幅反弹或是上涨行情前夕，传递的是筑底信号而不是看跌信号，判断依据就是股价的突破方向。

　　正常情况下，下降三角形的支撑线会被跌破，但当其发出的是筑底信号时，股价会向上突破压力线，反转进入上涨之中。此时投资者就不要一味卖出了，而是要随机应变，灵活决策。

　　下面来看一个具体的案例。

应用实例

双塔食品（002481）下降三角形形态卖点

　　图 3-12 所示为双塔食品 2022 年 6 月到 10 月的 K 线图。

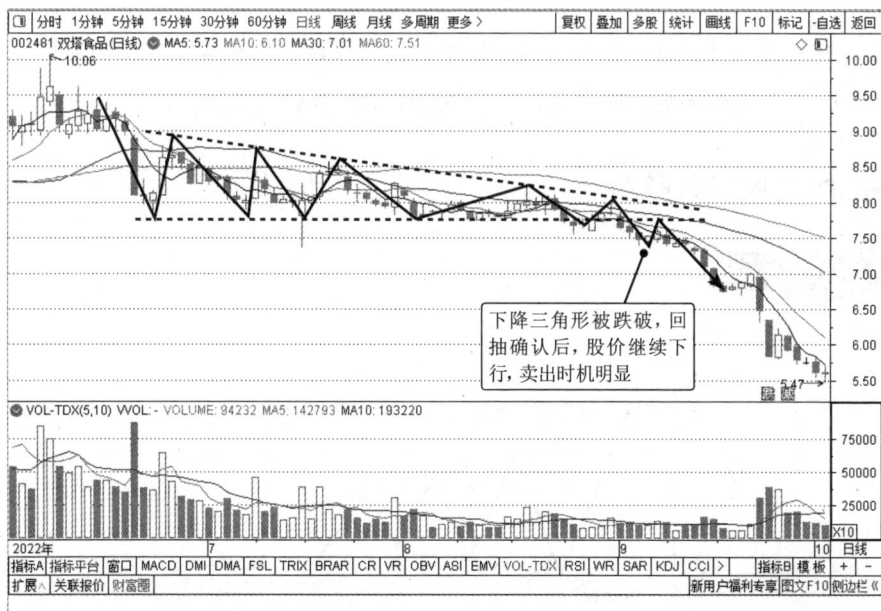

图 3-12　双塔食品 2022 年 6 月到 10 月的 K 线图

从 K 线图中可以看到，双塔食品正处于下跌行情之中。从均线的状态可以发现，在 6 月之前，该股正在进行反弹，并于 6 月初创出 10.06 元的新高后小幅回落，跌至 9.00 元价位线附近横盘。

6 月下旬，该股突然收出大阴线下跌，一路下滑至 8.00 元价位线下方才止跌，随后形成了小幅反弹，但反弹幅度不大，很快便在上方的压力阻碍下拐头下跌。

在后续两个多月的时间内，该股反复在 8.00 元价位线附近震荡，低点几乎都维持在同一水平线上，高点却在不断下移。分别将高点与高点、低点与低点相连，就能看出下降三角形的雏形。

既然已经发现了下降三角形正在构筑，那么谨慎一些的投资者就可以先行卖出，即便后市股价向上突破，也可以再次买进；惜售的投资者则可以继续观察。

8 月底，该股的震荡区间已经极度收窄，低点有下移并跌破支撑线的趋势。9 月初，股价连续收阴，跌破了下降三角形的支撑线，并很快进行了回抽确认，随后继续下行，开启了新一波下跌。

此时，局势就很明朗了，形态的下边线被跌破，意味着股价将回到下跌轨道，后市依旧看跌，还留在场内的投资者要抓紧时间卖出。

No.07 等腰三角形

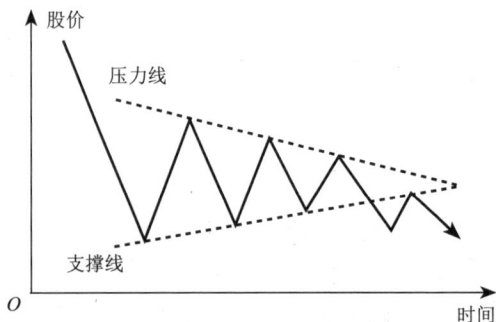

一图展示

图 3-13　等腰三角形示意图

等腰三角形与下降三角形比较类似，都属于股价的震荡区间逐渐收窄的中继形态。只是在等腰三角形构筑过程中，不仅股价的高点在逐步下移，其低点也在向上移动，整体呈现出横向的尖锥状。

除此之外，等腰三角形形态的预示意义、形成位置和操作策略等基本都与下降三角形一致，包括在特殊情况下，等腰三角形也可能会发出筑底信号，这一点需要投资者注意。

下面来看一个具体的案例。

应用实例

王府井（600859）等腰三角形形态卖点

图 3-14 所示为王府井 2020 年 6 月到 11 月的 K 线图。

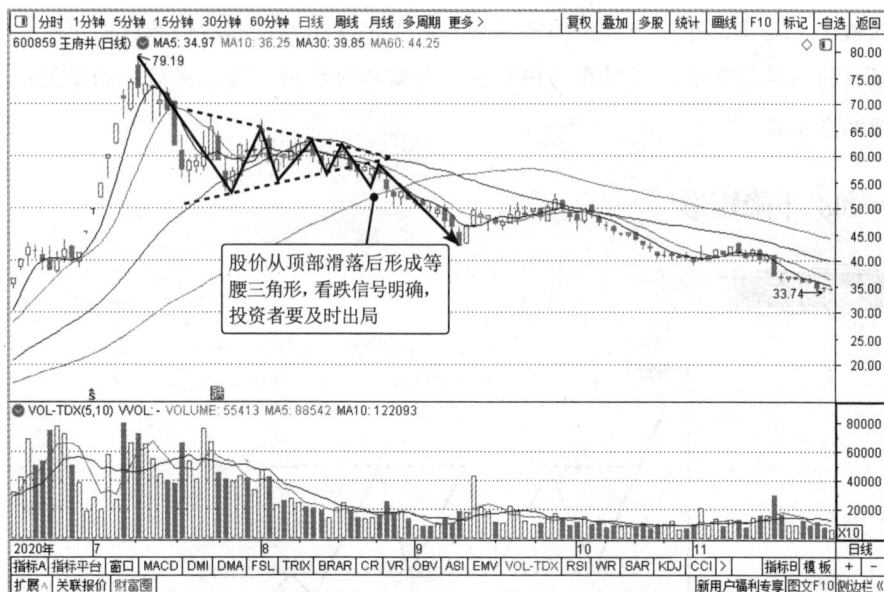

图 3-14　王府井 2020 年 6 月到 11 月的 K 线图

从K线图中可以看到，王府井正处于上涨行情的顶部。在6月下旬，股价上涨至40.00元价位线附近滞涨后横盘了一段时间，于6月底再度开始上涨，涨速极快，K线连续收出涨停。

7月上旬，该股冲到了靠近80.00元价位线的位置，在创出79.19元的新高后受阻下跌。7月中旬，该股收出数根实体较长的阴线后迅速下跌，跌至55.00元价位线附近后止跌反弹，但反弹幅度不大，很快便在65.00元价位线上方受阻，再次回落。

在后续一个多月的时间内，该股始终围绕60.00元价位线上下震荡，股价高点下移的同时，低点也呈相似的角度向上抬升，震荡区间不断收敛，整体形成了等腰三角形形态。

在股价从高位滑落的过程中形成的等腰三角形形态，除特殊情况以外（即股价向上突破带起另一波涨势），该股后市看跌的概率还是非常大的，谨慎的投资者可以先行出局。

从后续的走势可以看到，在8月中旬，该股震荡区间收敛到极致后向下跌破了下边线，并在一次小幅回抽后确认了上方压力，随后彻底转向下跌，短时间内跌势明确。还留在场内的投资者需尽快卖出，或者在后续的小幅反弹高点止损。

No.08 下降矩形

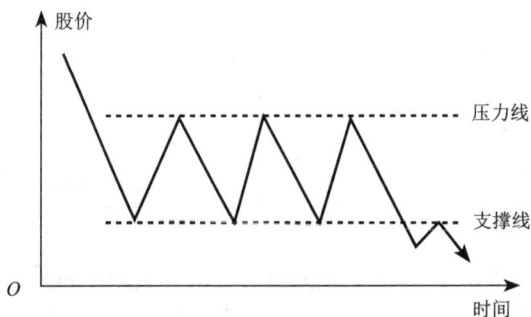

一图展示

图3-15　下降矩形示意图

知识精讲

从示意图中可以看出，矩形形态也是一种股价反复震荡、市场处于整理阶段的中继形态，并且形态的上下边线都是水平线，整体呈现出矩形的形状。

矩形形态非常常见，并且在上涨行情中、股价高位及下跌行情中都可能会出现，不同位置形成的矩形，股价突破的方向和传递的信号都有所不同。其中，在下跌行情中形成的矩形称为下降矩形，股价在形态构筑后期会向下突破，发出的是卖出信号。

下面来看一个具体的案例。

应用实例

沪电股份（002463）下降矩形形态卖点

图 3-16 所示为沪电股份 2020 年 7 月到 2021 年 5 月的 K 线图。

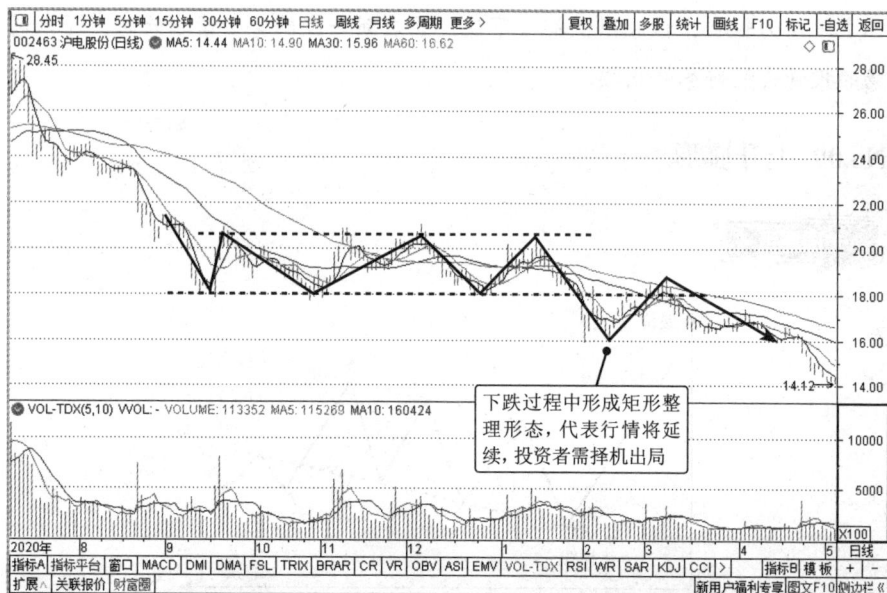

图 3-16　沪电股份 2020 年 7 月到 2021 年 5 月的 K 线图

从 K 线图中可以看到，沪电股份正处于下跌行情之中。在 2020 年 7 月到 8 月期间，股价从高位滑落，逐步向下运行，期间经历了多次横盘和小幅反弹，但跌势依旧延续。

9 月中旬，该股跌至 18.00 元价位线附近后止跌，并很快形成了反弹。此次反弹的高点在 21.00 元价位线附近，在此触顶后，该股拐头又进入了下跌之中。

随后的很长一段时间内，股价形成了幅度较大的震荡，但低点几乎都维持在 18.00 元价位线附近，高点也没有太大的改变，都处于 21.00 元价位线上下。分别将高点与高点、低点与低点相连，投资者就能明显看出下降矩形的形态。

在持续的下跌过程中形成下降矩形，说明这只是下跌行情中的修整阶段，该股后市依旧面临着一定的下跌空间，这一点从持续下行的长期均线也可以看出，谨慎的投资者可以先行卖出观望。

从后续的走势可以看到，进入 2021 年后，该股于 1 月底跌破了矩形的下边线，并在后续形成了幅度较大的回抽，高点小幅突破到了下边线以上，但上方压力较重，该股很快拐头下跌，开启新一波弱势行情。此时，还未离场的投资者最好尽快止损。

No.09 上升旗形

一图展示

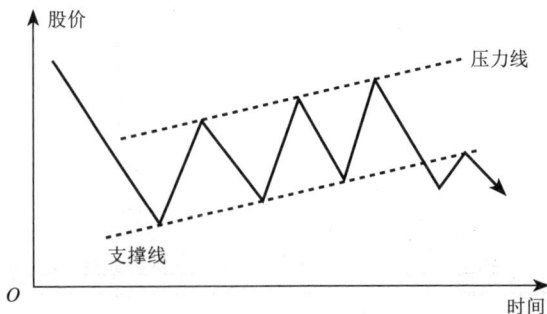

图 3-17　上升旗形示意图

知识精讲

从示意图中可以看出，上升旗形实际上是一个向右上方倾斜的矩形，仿佛一面被风扯开的旗帜，因此叫上升旗形。

上升旗形的形成原理很简单，就是股价在下跌行情中形成的反弹，并且个股在反弹期间不断震荡，高点和低点分别沿着一条斜线稳步上移，两条斜线几乎平行。

那么，上升旗形对后市的预示意义就很明显了，在股价反弹结束，形态下边线被跌破的同时，新一轮下跌也开始了。此时，投资者就要尽快择高卖出，兑现利润。

下面来看一个具体的案例。

应用实例

良信股份（002706）上升旗形形态卖点

图 3-18 所示为良信股份 2021 年 7 月到 2022 年 3 月的 K 线图。

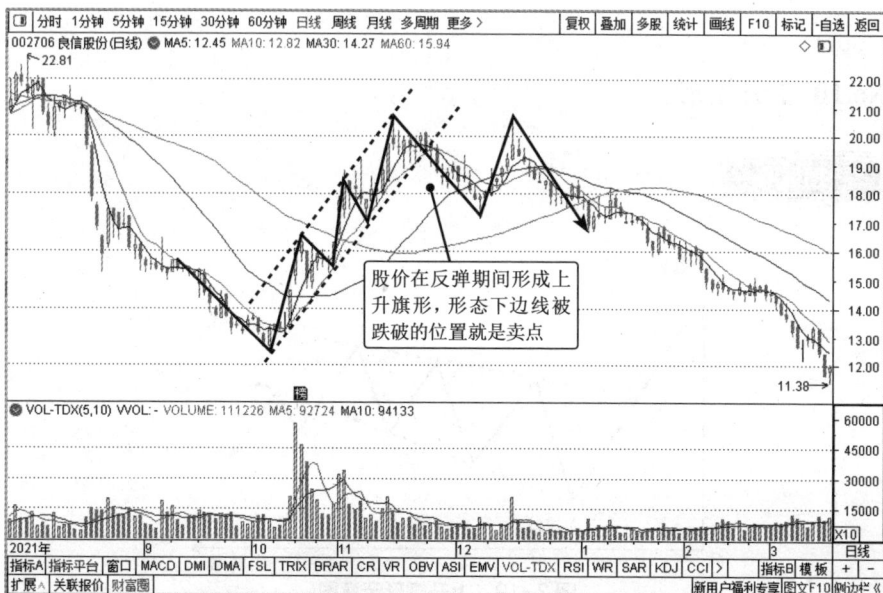

图 3-18 良信股份 2021 年 7 月到 2022 年 3 月的 K 线图

从 K 线图中可以看到，良信股份正处于下跌行情的反弹之中。在 2021 年 8 月初，股价还在 21.00 元价位线附近的高位横盘，8 月中旬左右，该股突然连续收出大阴线，短时间内形成了快速的下跌。

在跌至 16.00 元价位线附近后，股价跌势减缓，开始稳步下移。10 月初，股价跌至 12.00 元价位线附近后止跌，随后形成快速的反弹，但数日后该股便在 16.00 元价位线附近受阻，随后小幅回落。

11 月初，股价再度上冲，形成了与前期类似的走势，整体呈锯齿状上涨。如果将此期间股价的高点和高点、低点和低点分别相连，就能发现股价正在构筑上升旗形形态。

由于这个上升旗形形态向上倾斜的角度较大，说明该股此次反弹的力度和幅度比较可观。因此，已经入场的短线投资者和被套的中长线投资者还可以继续观望，等待时机。

11 月中旬，股价小幅突破 20.00 元价位线后上涨乏力，拐头下跌，并直接跌破了上升旗形的下边线。这说明上升旗形形态可能即将结束，反弹见顶，投资者可迅速卖出。如果部分投资者错过了这一卖点，还可以在 12 月中旬股价再次反弹的高点出局。

No.10 上升楔形

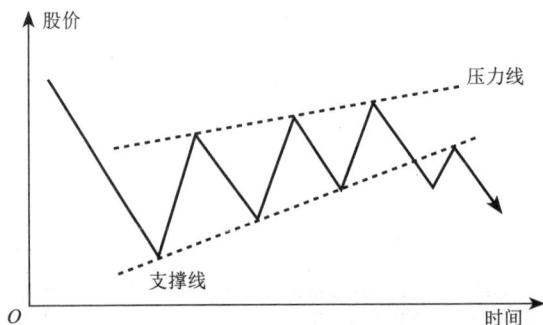

一图展示

图 3-19　上升楔形示意图

知识精讲

上升楔形与上升旗形形态非常类似，都是整体向右上方倾斜，只是上升楔形的两条边线是逐渐收敛的，仿佛一个上窄下宽的楔子。

上升楔形同样是股价反弹形成的，除了技术形态与上升旗形稍有区别以外，其形成位置、操作策略和含义与上升旗形都是一致的，投资者只要抓住合适的时机卖出即可。

下面来看一个具体的案例。

应用实例

帝欧家居（002798）上升楔形形态卖点

图 3-20 所示为帝欧家居 2020 年 11 月到 2021 年 6 月的 K 线图。

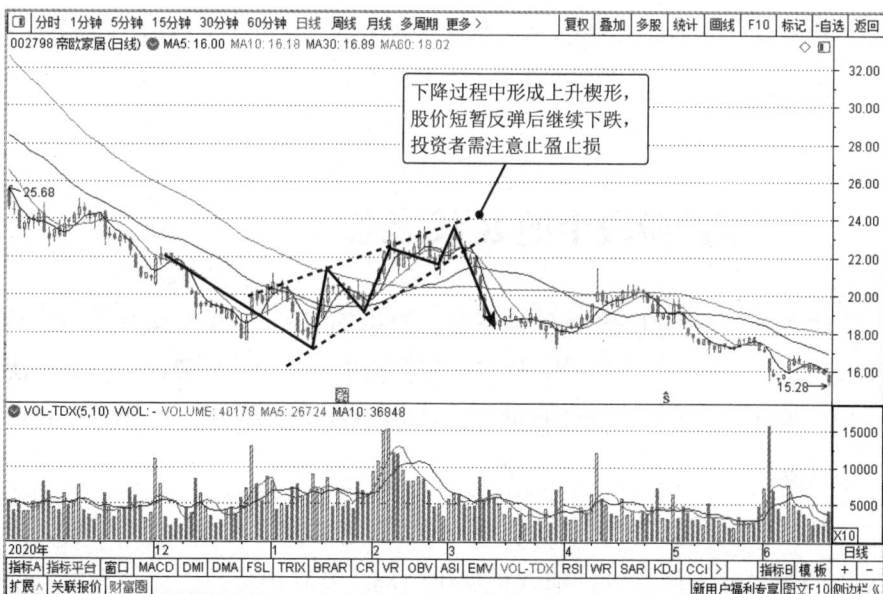

图 3-20 帝欧家居 2020 年 11 月到 2021 年 6 月的 K 线图

从 K 线图中可以看到，帝欧家居正处于下跌行情之中。在 2020 年 11 月到 12 月中旬期间，该股还在均线组合的压制下逐步向下滑落，整体呈现出弱势行情。

12 月底，股价跌至 18.00 元价位线附近止跌，随后形成了小幅反弹。但很快在 20.00 元价位线附近受到阻碍，再度回落到 18.00 元价位线下方，止跌后又一次上攻。

随后该股经历了反复的上涨、回落、再上涨、再回落的过程，股价呈锯齿状上升至 24.00 元价位线附近。若将前期股价的高点和低点分别相连，构成的就是明显的上升楔形形态。

此时局势就很明朗了，当前股价正在进行的是下跌行情中的反弹，24.00 元价位线形成了强力的压制，楔形的震荡区间也被压缩到一定程度。这说明市场中多方的推涨动能即将耗尽，卖盘开始发力压价，该股随时可能跌破下边线。因此，谨慎的投资者可以抓紧时机择高卖出。

从后续的走势可以看到，股价在 24.00 元价位线下方徘徊一段时间后，很快连续收阴下跌，于 2021 年 3 月初跌破了上升楔形的下边线，彻底进入下跌轨道之中，还未离场的投资者要尽快做出抉择了。

三、下跌阶段中的 K 线形态

下跌阶段中的 K 线形态与整理阶段中的 K 线形态有所不同，这类 K 线形态是下跌行情的延续。许多形态在构筑过程中，个股还维持着或快或慢的下跌，而不是横向的整理或者反弹，比如绵绵阴跌、下跌不止和空方尖兵等。

这些形态的构筑时间有长有短，技术形态的要求和标准都不一样，但发出的信号都十分一致，那就是尽快出局、及时止损。因此，场内投资者在下跌行情中遇到这些形态时，最好遵从信号离场；场外投资者也不要轻易参与，以免判断失误被套。

No.11　绵绵阴跌

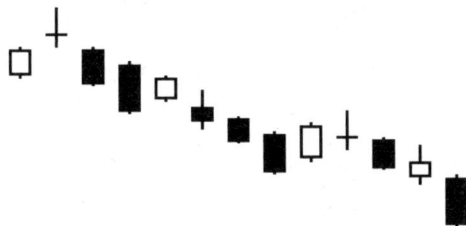

图 3-21　绵绵阴跌示意图

　　绵绵阴跌由多根（一般要在 8 根以上）实体较小的 K 线构成，其中以阴线为主，掺杂一些实体较小的阳线和十字星线，整体略微向下倾斜，呈现出绵绵阴雨般的跌势。

　　尽管绵绵阴跌形态的跌速不快，短时间内的跌幅也不大，但其杀伤力不可小觑。因为一旦绵绵阴跌形成，市场热情将会逐渐冷却，看空的情绪占据上风，卖盘带来的抛压可能会越来越大，那么股价的下跌趋势就可能会长时间延续下去。

　　因此，场内投资者在发现绵绵阴跌形态后，最好不要留恋，及时止损出局；场外投资者则不要轻易入场，以持币观望为佳。

　　下面来看一个具体的案例。

科沃斯（603486）绵绵阴跌形态卖点

　　图 3-22 所示为科沃斯 2021 年 10 月到 2022 年 3 月的 K 线图。

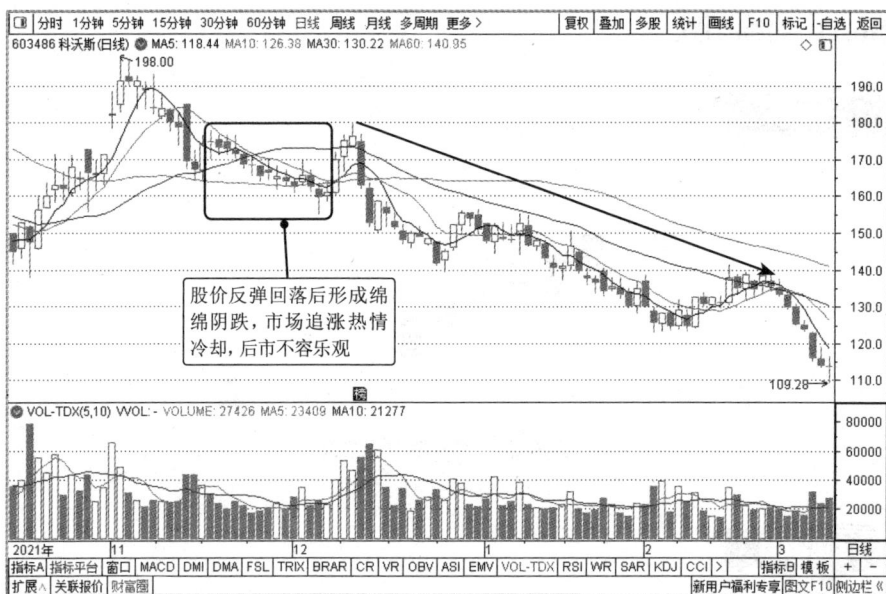

图 3-22 科沃斯 2021 年 10 月到 2022 年 3 月的 K 线图

从 K 线图中可以看到，科沃斯正处于下跌行情之中。在 2021 年 10 月下旬期间，股价在 140.00 元价位线附近止跌后开始反弹，这一点从均线组合的走向也可以看出。

11 月初，该股上涨至 198.00 元的高位后滞涨横盘，数日后拐头下跌，并于 11 月中旬收出大阴线向下快速跌落。两个交易日后，该股小幅反弹到 175.00 元价位线附近，但随后便再次逐步向下滑落。

仔细观察此次该股收阴的过程，可以发现大部分 K 线都是实体较小的阴线，其间夹杂了少量小阳线。股价呈缓步下跌态势，跌速不快，但非常持续，形成了绵绵阴跌形态。

在股价反弹见顶滑落的位置形成绵绵阴跌，很明显是市场中卖盘开始活跃，多方反抗力度较小的表现。对于投资者来说，绵绵阴跌释放的就是短期跌势持续的信号，感受到危险的投资者要尽快离场。

从后续的走势可以看到，在绵绵阴跌结束后，该股突然出现了连续数日的收阳上涨，涨速还比较快，短短数日就从 160.00 元价位线左右冲到了

180.00 元价位线附近。

但好景不长，就在接触到 180.00 元价位线的次日，该股就再度大幅收阴下跌，两个交易日后就跌破了 160.00 元价位线，运行到 150.00 元价位线上，市场颓势再显。

因此，投资者在发现股价出现反弹后就不要轻易入场，尤其是当其形成绵绵阴跌形态之后，就更可能是多方的短暂反攻，后市依旧是看跌的，但被套的投资者还是可以将反弹高点当作止损点。

No.12 下跌不止

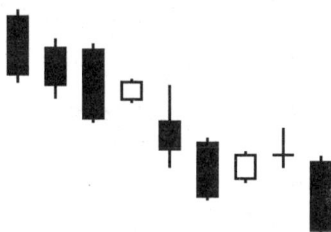

一图展示

图 3-23 下跌不止示意图

知识精讲

下跌不止形态属于绵绵阴跌形态的加强版，形态构筑过程中，实体较大的阴线占了大多数，其他 K 线都是实体较小的小阳线或十字星，整体跌速较快，颓势明显。

这种形态往往出现在行情持续下滑的过程中，代表的是市场带有浓厚的看跌气氛，多数投资者都在亏损，试图压价卖出手中筹码，导致股价一跌再跌，难以挽回。

但还有一种情况，当下跌不止形态形成于行情末尾，也就是即将见底的位置，那么就有可能是主力在介入压价，目的是降低吸筹成本，以备后市拉升。

这两种情况在实际情况中比较难以区分，尤其是对于经验不足的投资者来说。因此，为尽量保障自身资金安全，投资者在发现下跌不止形态后还是以尽快卖出为佳，即便后市出现了拉升，投资者也可以再次买进，这样就能降低一部分风险。

既然下跌不止形态出现后，股价未来的发展难以准确判断，那很多投资者可能就拿不准主意了。到底是快点卖掉，先止损再说，还是咬咬牙坚持一下，万一后面又涨了呢？

与其花时间纠结，不如实操一波。下面假设有两个不同想法的投资者：投资者 A 倾向于波段操作，该出就出，该进就进；投资者 B 总是犹豫，遭受损失后喜欢咬牙承受，希望后市股价能上涨，弥补之前的亏损。

下面将借助这两个投资者的不同操盘策略，将他们分别获得的收益进行对比，让读者清晰地看见，到底哪种策略更实用，风险更低。

下面来看一个具体的案例。

应用实例

玲珑轮胎（601966）下跌不止形态卖点

图 3-24 所示为玲珑轮胎 2022 年 1 月到 8 月的 K 线图。

在玲珑轮胎的这段走势中，股价在 2 月中旬之前还在下跌，并且从长期均线的状态就可以看出，该股的下跌已经持续了不短的时间。2 月中旬，该股跌至 28.00 元价位线附近后形成了小幅的反弹。

这时在场外持币观望的投资者 A 闻风而动，迅速以 28.00 元的成本价买进。投资者 B 一看，该股连续上涨了两个交易日，说不定会有一波反弹，也跟着以 29.00 元的成本价买进。

很明显，两个投资者都判断失误了，玲珑轮胎在反弹两个交易日后就小幅回落，形成横盘。并且在 3 月初，该股还出现了快速的收阴下跌，期间以实体较大的阴线为主，夹杂着几根小阳线，形成了下跌不止形态。

投资者 A 发现情况不对，再持有的话损失肯定更大，于是果断在下跌不止形态形成期间，以 22.50 元的价格卖出。此时，投资者 A 的损失约为（28.00−22.50）÷28.00=19.64%。

再来看投资者 B 的表现，投资者 B 在遭受损失后不甘心就此出局，于是坚决持有，并且坚信后市股价一定能上涨，为自己带来正收益。

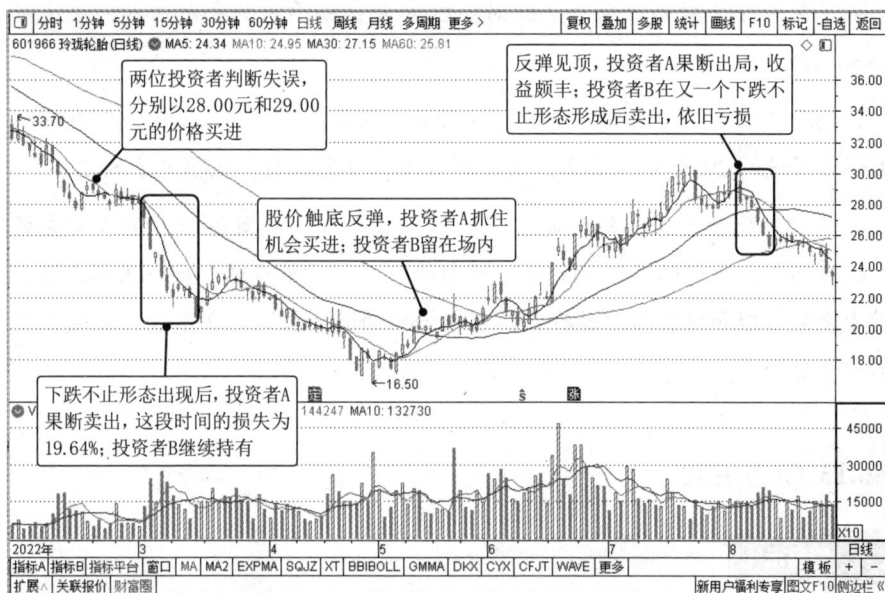

图 3-24　玲珑轮胎 2022 年 1 月到 8 月的 K 线图

继续看玲珑轮胎后市的走向。下跌不止形态形成后，该股小幅反弹了一段，但上方压力较重，股价很快再次下行，最终于 5 月初跌至最低16.50 元，随后开始收阳上涨。

投资者 A 此时谨慎了许多，在观察到股价确实有长时间反弹的迹象后，再次出击，以 20.00 元的价格买进一批筹码。投资者 B 则十分惊喜，认为补回损失的机会来临，安心留在场内待涨，既不加仓，也不兑利卖出。

在经历了长达数月的上涨后，该股来到了 30.00 元价位线附近，并且有上涨乏力、拐头下跌的趋势（假设两位投资者在反弹期间都没有加仓或卖出的行为）。此时，投资者 A 认为收益足够，再持有可能会出现风险，衡量过后，以 28.50 元的价格卖出离场。

那么经过这一段反弹后，投资者 A 的收益达到了（28.50-20.00）÷20.00=42.5%，在弥补前期亏损后，投资者 A 还留有一定的收益。

同一时间，投资者 B 还在犹豫，害怕此时卖出踏空了后市行情，于是继续持有。但从后面的走势可以看到，该股在 8 月初就形成了快速的下跌，形成了又一个下跌不止形态。此时，投资者 B 终于收到警示信息，快速以 26.50 元的价格卖出持股。

由于投资者 B 一直留在场内，没有加仓操作，其成本价依旧是前期判断失误时买进的 29.00 元，因此，投资者 B 不仅没有收益，还损失了 8.62%。

两相对比来看，差距就非常明显了，投资者 A 决策果断，不仅留在场内的时间少，承受的风险也更低，赚取的收益相对更可观。反观投资者 B，由于侥幸心理和惜售心理的存在，留在场内的时间长达半年不说，还损失了不少资金。

No.13 空方尖兵

一图展示

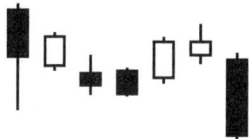

图 3-25 空方尖兵示意图

知识精讲

空方尖兵由多根 K 线构成，其中，第一根阴线的下影线要长，长到足以覆盖住后面几根 K 线的波动，直到某一时刻股价整理完毕，才以一根大阴线或中阴线跌破盘整下边线，进入下跌之中。

而空方尖兵中的"尖"，就体现在形态构筑初始那一根阴线的长下影线上。它就像一根尖锥，深入多方阵地，扎破了冉冉上升的气球，后市行情向下滑落。

由此可见，空方尖兵形态不仅会出现在下跌过程中，还可能形成于股价反弹见顶后的位置。其代表的含义其实很简单，无非是多方推涨乏力，买盘积极性不高，无法完全承接不断涌现的卖盘，这才使得价格在挣扎一段时间后无奈下滑。

不过，如果在此期间有主力参与，虽然面临的还是同样的结果，但形态构筑过程中发生的故事还是有所不同的。

一般来说，主力介入某只股票的目的都很单纯，和大多数散户一样，也是想赚取收益，只是操作策略和方法不同罢了。但如果在主力介入的情况下股价还在下跌，那投资者就要思考一下是为什么了。

◆ 第一种原因是主力正在出货，大批量卖出筹码自然会导致股价下跌，形成空方尖兵形态也不是没有可能。

◆ 第二种原因是清理浮筹，前提是空方尖兵形成于行情低位。

◆ 第三种原因是护盘失败。这种情况是最有可能的，主力不希望价格跌得太低，但由于各种原因上拉失败（低估了场内抛压或是自身难保），就会导致股价再次下跌。

这时就有投资者在想了，一个简单的下跌形态包含的内容都这么复杂，实际操作的时候真遇到了，有那么多时间和精力去分析吗？

其实，投资者没有必要完全分析其原理和内在，只要明确一件事，发现这种形态后最好选择恰当时机卖出，除非是中长线持有的投资者，若留在场内奢望上涨，可能出现上个案例中投资者 B 的情况。

既然空方尖兵的形态在下跌行情中最具代表性，那我们就以一只股票的下跌阶段为例，来看看空方尖兵的表现。

下面来看一个具体的案例。

应用实例

ST 金正（002470）空方尖兵形态卖点

图 3-26 所示为 ST 金正 2020 年 3 月到 8 月的 K 线图。

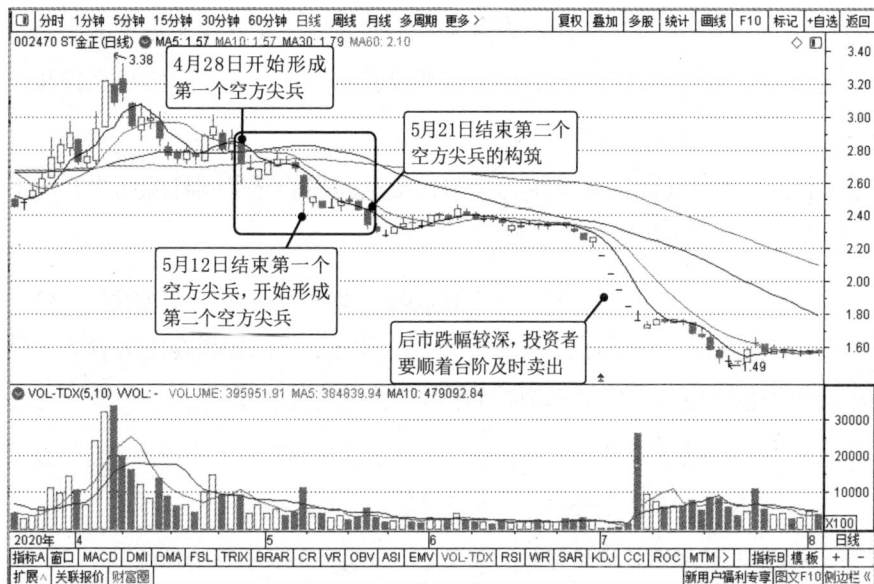

图 3-26 ST 金正 2020 年 3 月到 8 月的 K 线图

如果不依靠图中的标注，投资者能够在这段下跌走势中准确分辨出空方尖兵形态吗？如果可以，那么就已经初步掌握了空方尖兵的技术形态要求。如果短时间内未能找到的话也没有关系，下面就来针对该案例中的空方尖兵形态进行详细解析。

在该股的这段下跌走势中，空方尖兵一共出现了两次，并且这两次是连续形成的，就在 2020 年 4 月底到 5 月中旬这段时间内。

第一个空方尖兵形态从 4 月 28 日开始，当日该股在收出一根带长下影线的大阴线后，落到了 2.60 元价位线附近。随后，该股收出数根实体较小的

K 线，初步构成了空方尖兵的前置要素。

5 月 12 日，该股以一根跌幅达到 6.34%，带有长下影线的大阴线跌破了 2.60 元价位线，同时也击穿了 4 月 28 日阴线的最低价。将其与前几根 K 线组合起来，就构成了第一个空方尖兵。

第二个空方尖兵紧接着 5 月 12 日的这根大阴线形成，因为这根大阴线也带有一条长下影线，因此，后续该股收出的数根小 K 线与这根大阴线结合起来，就又形成了一个空方尖兵。这个空方尖兵结束于 5 月 21 日收出的、跌破 2.40 元价位线的阴线。

将这两个空方尖兵拉长来看，可以发现股价借此出现了阶梯式的下降，就好像留给场内投资者的台阶，要投资者赶紧顺阶而下，卖出止损。

如果投资者此时还在纠结到底应不应该卖出，那不妨将视线拉长来看，看看前面的走势如何。

在 2020 年 3 月到 4 月上旬期间，股价正在进行反弹，在创出 3.38 元的阶段新高后就拐头出现了下跌，随后就形成了两个空方尖兵。并且，在第二个空方尖兵形成的同时，均线组合也已经向下转向并覆盖在股价上，形成了强力的压制。

待到此刻，预警信号就比较明确了，后市大概率面临的就是下跌。前面抢反弹的投资者应该要尽早择机卖出，因失误入场的投资者也要抓紧时间出局了。

毕竟从后面的走势来看，该股后市的发展不容乐观，到了 7 月下旬时，价格已经跌到了 1.49 元的低位，相较于第一个空方尖兵出现时的 2.60 元左右，跌幅接近 43%。

因此，投资者在发现空方尖兵形态后能早点卖出最好早点卖出，以避免被深套。

No.14 落日残阳

一图展示

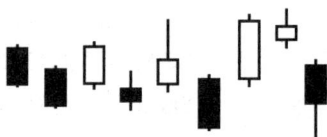

图 3-27　落日残阳示意图

知识精讲

　　用落日残阳这个词汇来形容这种形态，其实是非常形象的。从其示意图中就可以看到，在股价缓慢下滑或是横向震荡的过程中，总会出现几根实体或大或小的阳线，这些阳线就被称为落日残阳。

　　这是非常正常的，收阳反弹的走势说明多方在场内还是有一定话语权的，能够为股价带来一定的波动。但总体来说，这些阳线无法扭转局势，行情依旧还是向下跌落，这些偶然出现的阳线就仿佛日落西山时的残阳，暮气沉沉，即将消逝。

　　这种消极的形态通常出现在下跌行情中的整理阶段，以及反弹后期多方无力再推涨的过程中。但有些时候也会形成于上涨行情的回调阶段，属于非常常见的看跌形态。

　　因此，落日残阳形态对主力意图的反映不是那么明显，这里就不需再纠结主力的操作了，投资者要专注于落日残阳形态形成后，自己该怎么办？

　　一般来说，如果投资者有自信能够判断当前行情的趋势，那么就可以根据落日残阳形成的位置来决定是否卖出。比如，投资者认定当前行情正在上涨，落日残阳形成的位置是回调阶段，那么短线投资者就可以先卖后买，进行波段操作，避开回调的那段下跌；中长线投资者则可以继续持有。

　　但如果投资者觉得当前延续的是下跌行情，那么在落日残阳形成后，果断一点的投资者就要快点卖出了，否则可能面临长期被套的结局。

不过，这些策略也不能一概而论，不是所有投资者的想法都是一样的，并且每个人自身的情况也不太相同。有的投资者希望长期持有，不轻易卖出；有的投资者则是资金较少，不希望频繁进出增加手续费。

所以，这里提供的操作策略只是一个参考，真正到了需要决策的时候，投资者还是要结合自己的实际情况来判断，不要盲目跟风，更不要一味跟随建议买卖。

下面来看一个具体的案例。

应用实例

榕基软件（002474）落日残阳形态卖点

图 3-28 所示为榕基软件 2020 年 6 月到 2021 年 1 月的 K 线图。

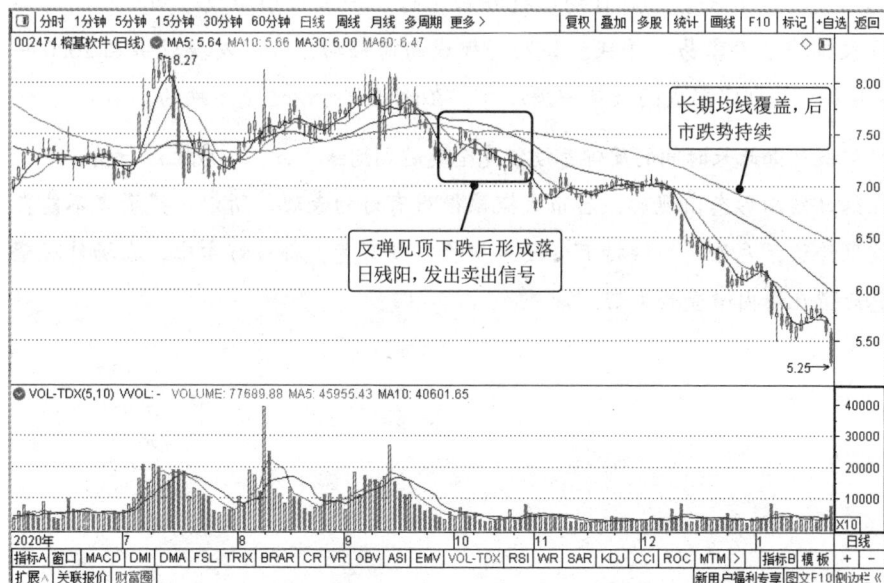

图 3-28　榕基软件 2020 年 6 月到 2021 年 1 月的 K 线图

此处选取的是该股的一段下跌行情，毕竟在下跌行情中，落日残阳形态出现的频率较高，形成的卖出信号也更为强烈。

　　粗略观察一下图 3-28，可能投资者会觉得落日残阳形态比比皆是，好像股价每一个反弹的位置都是落日残阳。但事实并非如此，如果投资者仔细观察前面的示意图，可以发现在落日残阳形成过程中，股价还是在下跌的，期间只是出现了数根阳线，就好像即将落山的太阳矗立在山巅一样。

　　这么一形容的话，投资者能找到该形态了吗？没错，落日残阳就形成于 2020 年 9 月底到 10 月底这段时间内。股价跌至 7.25 元价位线附近后横盘一段时间，形成小幅的反弹，该股收出两根阳线后继续下跌，随后重复收阳、下跌、再收阳、再下跌的过程，在此阶段形成的就是落日残阳。

　　将阴线当作山和云，阳线当作太阳，这样一看是不是很形象？如果再加上均线的话，就可以发现均线已经覆盖到了 K 线上方，形成了落日时仿佛飘带一样的条状云彩。由此看来，这里的落日残阳形态就十分标准了。

　　既然如此，投资者究竟在什么时候卖出呢？答案是尽快。毕竟均线组合都已经覆盖下来了，60 日均线也拐头下行，一旦长期均线转向，那要将其再次扭转可不容易。并且，如果将视线向前移动，可以发现股价在 2020 年 6 月到 9 月期间形成的只是一段反弹，在此之前行情还是下跌的。

　　既然如此长时间的反弹都没能完全突破到均线上方，形成上涨行情，那么在落日残阳形态出现后，后市大概率很难有好的表现。所以，投资者不能在这里停留，无论是短线持有者还是中长线持有者，都最好卖出，在场外观望总比留在场内遭受损失好。

第四章

量价特殊形态加强做空信号

　　量价中的特殊卖出形态是成交量与股价之间互相影响形成的，它对于投资者进行做空操作具有一定的指示作用。这类形态需要将成交量与K线组合起来进行分析，相当于在K线的基础上多加了一个技术指标，这就为单纯的K线变化附加了一定的约束，使其信号可靠度更高，更符合投资者卖出的需求。

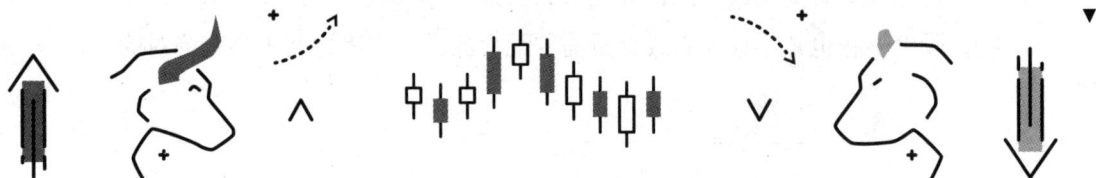

一、特殊量能与 K 线的配合

在行情运行过程中，成交量总会出现一些特殊的波动情况。如果投资者在实际操作中仔细观察，可以发现有时候成交量会突然相较于前一日出现急剧放大，有时候又会毫无预兆地极度缩减。看似让人摸不着头脑，但如果针对这些特殊的量能情况进行深入分析，也会发现一些很有价值的东西。

No.01 巨量大阴线

一图展示

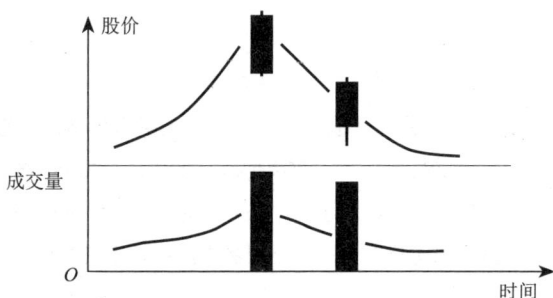

图 4-1　巨量大阴线示意图

知识精讲

成交量放出的巨量与大阴线之间的结合，似乎并不符合常理。有些投资者会提出这样的问题：既然成交量在增加，说明市场的交易很活跃，但股价都跌出阴线了，为什么还能形成如此大的交易量呢？

仔细一想，似乎是这个道理，那巨量大阴线的形成原理是什么呢？

首先投资者要明白一点，成交量放大并不代表股价一定要上涨。同样的，股价上涨也并不意味着成交量需要配合放大，二者之间不具有绝对的固定关系。

当股价下跌时，成交量量能放大，首先可以确定的是卖盘在增加，并且场内也有足够的买盘在承接，双方在你情我愿地交易。

但很明显，买方发现卖方急于离场后，为了降低自己的持股成本，肯定会向下压价；卖方在挂高价卖不出去的情况下，就只能随着买方的压价而低价出售了。这就造成了成交量居高不下，但价格却没法上涨的情况。

买卖双方的较量是巨量大阴线形成的原因之一，还有一个很重要的因素就是主力的参与，这是投资者不能忽视的。

要知道，巨量大阴线很容易形成于股价的高位，尤其是在顶部。如果主力想要大批量出货，就可能在某一个交易日形成这样的形态，再加上场内空方跟随出局，阴线的实体就会越拉越大，甚至跌停。

由此可见，巨量大阴线传递的信号都不是乐观的，后续的股价要么转入下跌行情，要么继续向下运行，只有在某些特殊情况下，行情才能转向上涨。因此，不希望长期被套的投资者还是以卖出为佳。

拓展知识 *巨量大阴线有什么特殊情况*

前面说到，巨量大阴线形成后，只有在特殊情况下才会预示行情向上转向。那么，在经历了前期大量形态的原理及含义学习后，投资者能够独立思考出这种特殊情况吗？

现在答案揭晓，那就是在行情底部主力吸筹的过程中形成的巨量大阴线。

答对了吗？既然知道了这种特殊情况，那么其形成原因和未来走向就很明确了。主力入场需要建仓，建仓就要投入资金，本着成本越低收益才会越高的原则，大多数主力都会选择压价吸筹或是低位吸筹，这就形成了行情末期的巨量大阴线。待到其建仓完毕或者仓位达到足够拉动股价的情形，新行情就会开启，这个时候投资者就不要一味卖出了，发现端倪后多观察几日，说不定就能来一波抄底的操作。

知识精讲中提到巨量大阴线可能出现的位置较多，其中还有特殊情况，那这里就选择一种比较常见的，投资者容易做出错误决策的情况来解析，帮助投资者学会在这种情况下如何正确应对。

下面来看一个具体的案例。

应用实例

三棵树（603737）巨量大阴线解析

图4-2所示为三棵树2020年2月到8月的K线图。

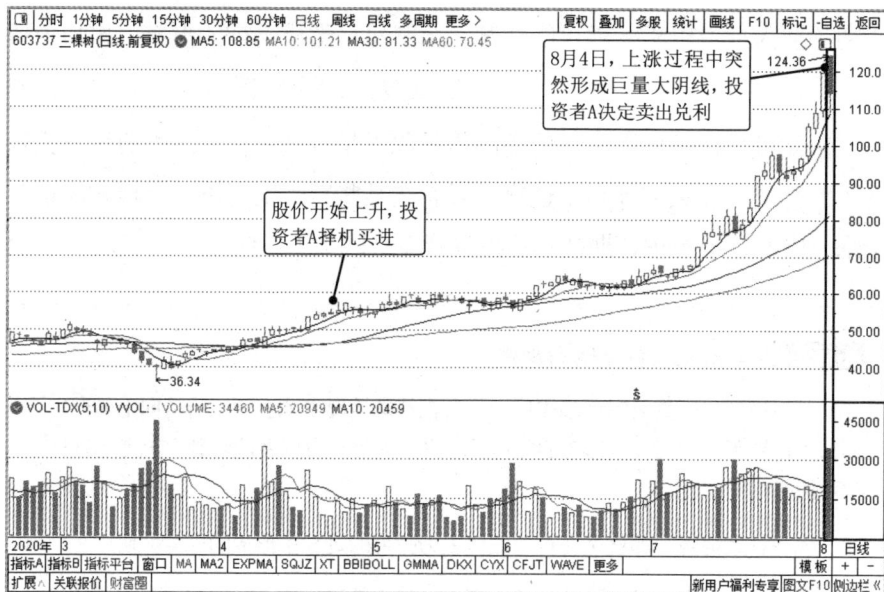

图4-2　三棵树2020年2月到8月的K线图

现在，可以假设自己是投资者A，并且正在操盘，将自己带入当时的情景中，脱离俯瞰的视角，看看自己会怎么操作。

在2020年3月期间，投资者A发现该股回调至36.34元的低位后止跌回升，很快便越过了长期均线的压制，来到了50.00元价位线上方，突破了前期高点，并且后续还有继续上涨的趋势。这时投资者A会怎么办呢？

假设投资者A认为时机不错，选择了一个合适的位置买进了一批筹码，然后持股待涨。该股的表现也符合投资者A的预期，在股价上涨期间投资者A都没有打算卖出，一直持有到了8月初。

8月4日这一天，股价以高价开盘后持续低走，盘中触底后小幅回升，但回升后的价格依旧运行在均价线以下。尽管当日还没有收盘，但K线图中已经显现出一根大阴线和巨幅的成交量了。

投资者A发现这一天的走势与前面的积极上涨截然不同，还有可能形成巨量大阴线形态，内心有点犹豫，担心后面会跌。在反复纠结后，他认为前面赚取的利润已经够大了，犯不着铤而走险，于是在当天股价收盘之前就卖掉了。

假设换成自己的话，又会怎么做呢？相信咬牙准备多观察几天的人不在少数，那我们就一起来看看后面该股是如何发展的。

图4-3所示为三棵树2020年7月到2021年3月的K线图。

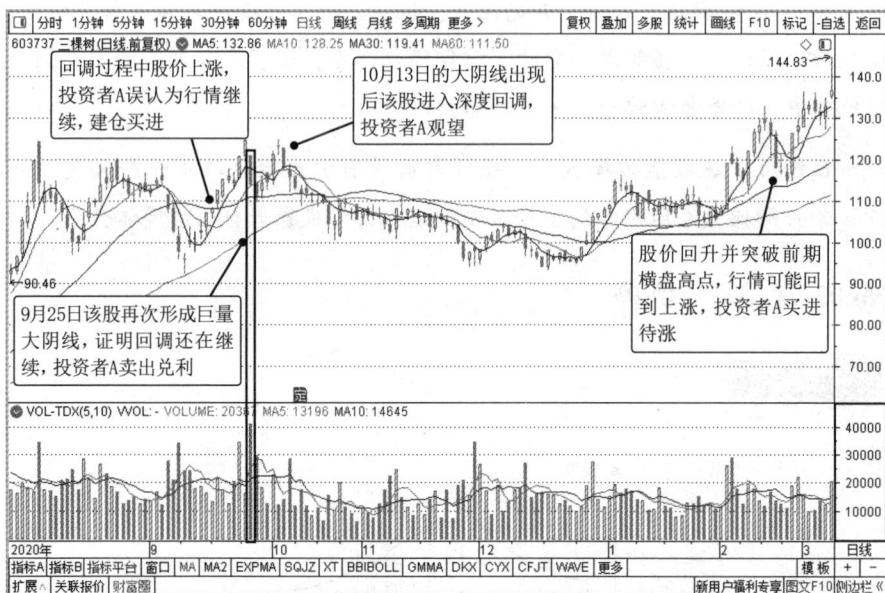

图4-3 三棵树2020年7月到2021年3月的K线图

看到该股后面的走势，投资者是不是恍然大悟，部分人是不是还在庆幸自己选择卖出了呢？投资者 A 也是这样想的，他发现卖掉后股价就回调了，认为自己的决策十分明智，但还是希望该股回调完成后有更好的表现，于是在场外持币观望。

在经历了反复的震荡后，该股于 9 月初开启了一波看起来非常积极，非常有突破希望的上涨。投资者 A 觉得机会来了，于是迅速买进。相信此时很多读者也做出了和他一样的选择。

但好景不长，9 月 25 日，该股再次低开后震荡低走，当日形成了巨量大阴线，当头给投资者 A 浇了一盆冷水。这时投资者 A 发现股价这一波回调可能还没到终点，自己还需要观望一段时间，这会儿应该先出局，把前面的短期收益兑现再说。

虽然两个交易日后该股跌至 30 日均线上受到支撑再次回升，但投资者 A 已经谨慎了许多，没有轻易买进。10 月 13 日，该股再次形成大阴线下跌，转而进入了深度回调之中，投资者 A 开始静心观望。

2020 年 12 月底，股价又开始回升，但并不稳定，投资者 A 不着急建仓。2021 年 2 月以后，该股成功突破了前期横盘高点，说明后市可能即将回到上涨轨道中，投资者 A 终于买进，开始持股待涨。

在经历了这段虚拟操盘后，投资者有没有做出错误决定呢？又是否从投资者 A 的操盘经历中学到了什么呢？这就需要投资者自己慢慢体会了。

No.02 地量一字跌停

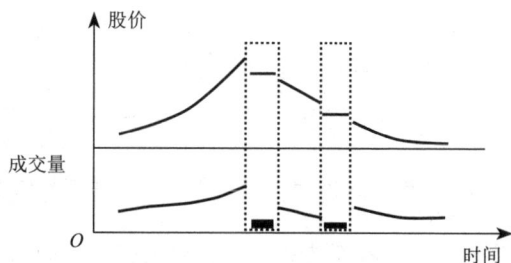

一图展示

图 4-4　地量一字跌停示意图

相信大部分经历过实际操盘的投资者，都看到过一字跌停的形态，也会发现在一字跌停时自己明明挂上了卖单，但就是卖不出去，只能眼睁睁看着股价下跌，扼腕叹息。

但也许很少有投资者会去思考，为什么会出现这样的情况，为什么一字跌停当天的成交量这么低。

其实投资者只要熟知股票交易的规则就能明白。当股价被封到跌停板上时，市场中能交易的就只有这一个价格，同时，由于跌停的影响，场内大部分的投资者都恐慌地挂出卖单，导致大量的委托拥挤在这一个价格上，堵得水泄不通。

雪上加霜的是场外投资者没有几个愿意在这个时候接盘，买单寥寥无几。根据股票交易"价格优先，时间优先"的原则，只有速度快，排在前面的卖单才能成交，也就是说，只有少量卖单能沿着短暂疏散开的道路逃离拥堵现场。

但这点交换出去的筹码相较于整个盘中的筹码来说，简直是瀚海中的一滴水，跌停价上该"堵车"还是"堵车"，成交量该缩减还是缩减。并且在巨大的抛压下，股价的跌停只能一直持续，形成恶性循环。

可以想象，单靠散户的力量很难打破这样的格局，在主力或其他投资机构没有插手的情况下，一字跌停可能会持续数日，造成巨大损失。所以，如果投资者不小心被困在了一字跌停里，不要小瞧它的杀伤力，更不要一气之下甩手不管，能尽早挂单就早挂单，抢先卖出才能降低损失。

一般来说，在下跌过程中以及股价反弹见顶后的位置，一字跌停出现的概率是最大的。

下面来看一个具体的案例。

应用实例

欧菲光（002456）地量一字跌停解析

图 4-5 所示为欧菲光 2018 年 12 月到 2019 年 9 月的 K 线图。

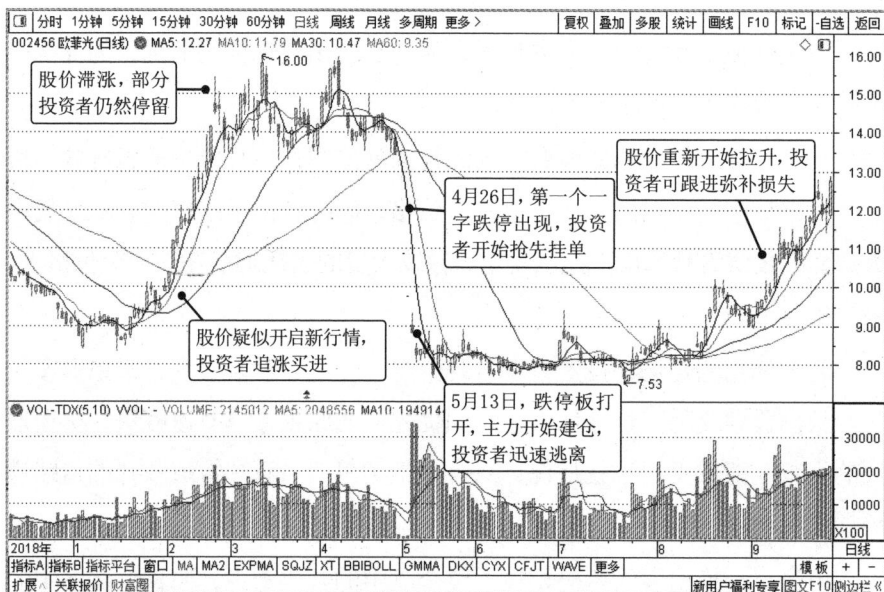

图 4-5 欧菲光 2018 年 12 月到 2019 年 9 月的 K 线图

从 K 线图中可以看到，欧菲光在 2019 年 1 月到 5 月期间，形成了一个比较完整的涨跌周期，尽管并不是典型的多浪上涨又多浪下跌的类型，但从其涨幅来看，还是可以算作一波小行情。

从均线组合的走势可以看出，在 2019 年 1 月之前，欧菲光还处于下跌行情之中，并且跌速比较快，整体与长期均线偏离较远，同时长期均线的下行角度也比较大。这说明市场中大部分投资者都在亏损，希望通过降价的手段快点卖出，这一点从股价不断下跌，但成交量的量能有所放大的情形中可以证实。

进入 2019 年 1 月后，股价回暖的同时，成交量量能放大的速度更快了，买盘明显积极起来，不少人都认为新行情即将来临，开始大手笔地建仓买进。价格的涨势也不负众望，K 线分别带动短期均线、中期均线和长期均线向上转向，最难扭转的 60 日均线也在 2 月完全上扬了。

但就在形势一片大好时，股价却在 15.00 元价位线附近受到了阻碍，小幅回落后再度上冲，在触及 16.00 元价位线后又再次回落，显示出上涨乏力的迹象。此时，不少投资者的追涨热情冷却，场外投资者开始谨慎，买单数量降低，成交量也出现了缩减。

这样不温不火的状态一直持续到了 4 月下旬，股价始终未能再创新高，许多投资者已经卖出兑利了，但更多的投资者还滞留在场内，期待这一波横盘整理结束后股价继续上涨。

但不幸的是，该股这一次并没有按常理出牌，也可能是个股中的主力觉得拉升难度太大，数次尝试不成功后抛弃了这只个股。于是，在 4 月 26 日，该股突然毫无预兆地形成了第一个一字跌停。

已经离场的投资者还好，对于还在场内等待上涨的投资者来说，这个一字跌停简直就是一道晴天霹雳，谁也没想到原本正常运行的，仅仅上涨了几个月的股价居然会出现这种走势。

这时候就体现出果断决策的重要性了，有的投资者反应极快，当日还没开盘时就挂出了卖单（具体会在后面小栏目内解释），排在前面很快便出局了，虽然至少损失了 10% 的利润，但好歹止住了损失。

拓展知识 *个股还没开盘怎么挂单*

首先需要明确一点，在上海证券交易所和深圳证券交易所上市的股票，每个交易日的交易时间主要分为两大段，一段是集合竞价；一段是连续竞价。其中，每个交易日的 9:15 ～ 9:25 为开盘集合竞价时间，9:30 ～ 11:30、13:00 ～ 14:57 为连续竞价时间，14:57 ～ 15:00 为收盘集合竞价时间。

在集合竞价期间，投资者是可以挂单的，只是交易价格可能与自己委托的不一致，因为集合竞价的成交价格只有一个。集合竞价成交价格的具体确定规则，根据证券交易所的不同而存在细微的差别，投资者可以自行查看《上海证券交易所股票上市规则》和《深圳证券交易所股票上市规则》以及相关文件，这里不再赘述。

更多的投资者在震惊和茫然之后，已经错过了最佳的挂单时机，这会儿再去扎堆挂单，很明显已经来不及了，这时候就只能希望自己动作够快，愿意接盘的买家够多了。

这样的一字跌停持续了 3 日，在买盘越来越少的情况下，被套投资者没法抢到前面交易，那就只能等待开板。

5 月 13 日，该股终于打开了跌停板，开盘后的情况可以从当日的分笔交易数据中窥见一二，如图 4-6 所示。

时间	价格	成交量	类型	笔数	时间	价格	成交量	类型	笔数	时间	价格	成交量	类型	笔数
09:25	9.01	953419		6670	09:31	9.10	3785	S	185	09:32	8.89	1767	S	110
09:30	9.18	4189	B	38	09:31	9.10	3220	B	121	09:32	8.90	5485	B	135
09:30	9.15	85863	S	2350	09:31	9.06	8944	S	283	09:32	8.90	6627	S	162
09:30	9.15	35537	S	1180	09:31	9.09	8307	B	348	09:32	8.89	5805	S	258
09:30	9.20	9270	B	501	09:31	9.08	3485		146	09:32	8.90	5084	S	217
09:30	9.28	8201	B	272	09:31	9.05	14185	S	646	09:32	8.90	5630	D	223
09:30	9.24	7970	S	303	09:31	9.06	2003	S	146	09:32	8.88	5472	S	271
09:30	9.20	3332	S	188	09:31	9.06	4987	S	255	09:32	8.89	5430	B	237
09:30	9.24	3830	B	172	09:31	9.05	4720	S	255	09:32	8.90	6373	B	223
09:30	9.24	4258	B	194	09:31	9.05	22495	S	875	09:32	8.91	6652	B	146
09:30	9.27	4243	B	236	09:31	9.05	3164	B	135	09:32	8.92	2976		127
09:30	9.17	5410	S	225	09:31	9.03	5686	S	274	09:32	8.92	7891	S	223
09:30	9.17	2841	B	170	09:31	9.03	7133	B	235	09:32	8.93	4258	B	169
09:30	9.17	2707	B	181	09:31	9.02	3632	S	192	09:33	8.90	5811	S	254
09:30	9.18	4219	B	179	09:31	9.02	19132	S	906	09:33	8.94	3015	B	145
09:30	9.12	6555	S	228	09:31	9.00	5392	S	110	09:33	8.92	2218	S	134
09:30	9.13	3110	B	178	09:31	9.00	13074	S	449	09:33	8.93	2950	S	117
09:30	9.17	3851	B	154	09:32	8.99	2821	S	133	09:33	8.95	1162	B	64
09:30	9.13	5298	S	157	09:32	9.00	3825	B	154	09:33	8.96	3145	S	115
09:30	9.17	3131	B	162	09:32	8.97	2778	S	125	09:33	8.96	1039	S	92
09:30	9.15	4948		205	09:32	8.94	1176	S	69	09:33	8.98	1590	B	84
09:31	9.14	5033		212	09:32	8.93	3048	S	113	09:33	8.95	4089	S	200
09:31	9.10	6496	S	306	09:32	8.92	3334	S	91	09:33	8.98	2850	B	124
09:31	9.15	3974	B	194	09:32	8.90	8697	B	204	09:33	8.99	2095	B	93

图 4-6　欧菲光 2019 年 5 月 13 日开盘后的部分交易数据

很明显，仅在集合竞价期间，成交数量就达到了惊人的 953 419 手，开盘后前几分钟，进行交易的全是紫色的大单。这说明跌停板是主力或其他投资机构砸开的，散户只是夹杂在其中跟随卖出。

这里介入的可能是新的主力，发现价格跌到低位，在此建仓比较划算；但也不排除这就是造成一字跌停的主因，目的不用多说，主要是利用一字跌停清理浮筹，再次建仓后就会降低后面的拉升压力。

尽管在此之后，该股可能会开始新的行情和新的拉升。但经此波折的投资者，可能并不希望再冒风险，所以选择彻底离去，另寻优质个股。愿意继续操作，想要回补损失，或者获得更多收益的投资者，还是可以在后续的拉升中建仓，跟随持股。

拓展知识　*"价格优先，时间优先"的交易原则*

　　"价格优先，时间优先"的交易原则是股票市场交易规则的基石，它保障了市场中交易的稳定和有序。有些投资者，尤其是新入市的新手投资者可能并没有深究其内涵，随便挂单，随意定价，最后多次交易失败，还不知道原因。

　　"价格优先"在"时间优先"之前，那它就是最先需要遵守的原则。其定义为：较高价格买入申报优先于较低价格买入申报，较低价格卖出申报优先于较高价格卖出申报。看起来好像挺复杂的，但一句话就能解释，即买入时，价高者先得；卖出时，价低者先出。

　　"时间优先"在"价格优先"的前提下进行，其定义为：买卖方向、价格相同的，先申报者优先于后申报者，先后顺序按交易主机接受申报的时间确定。即一样的价格，谁先报价谁就先交易，不管买还是卖。

　　可以发现，这两个交易原则其实和生活中很多场景都符合，读者只要将其带入自己买东西或者做生意的场景，就能很轻松地理解了。

No.03　连续放量收阴

一图展示

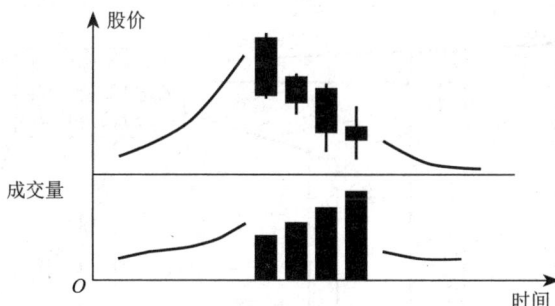

图4-7　连续放量收阴示意图

知识精讲

　　连续放量收阴实质上就是一种量增价跌的背离关系，区别在于 K 线收出的阴线实体较长，并且一般是连续的（其间夹杂一些小阳线也可以）。

这种形态一般形成时间比较短暂，大多在 3 ～ 5 个交易日，但它在 K 线图中却是非常明显的，类似于多根巨量大阴线组合在一起，其杀伤力和显眼程度可想而知。

如果投资者不希望在个股上涨过程中见到巨量大阴线，那么肯定更不希望见到连续放量收阴的形态，这比巨量大阴线更有威慑力。如果形态形成时量能放大得比较明显，股价又身处高位，那么主力出货的可能性就比较大了，当然也不排除是获利盘积累太多，集中抛售导致的。

所以，投资者要以比对待巨量大阴线更为谨慎的态度来对待连续放量收阴形态，该出手时就出手。

下面来看一个具体的案例。

应用实例

信邦制药（002390）连续放量收阴解析

图 4-8 所示为信邦制药 2021 年 5 月到 11 月的 K 线图。

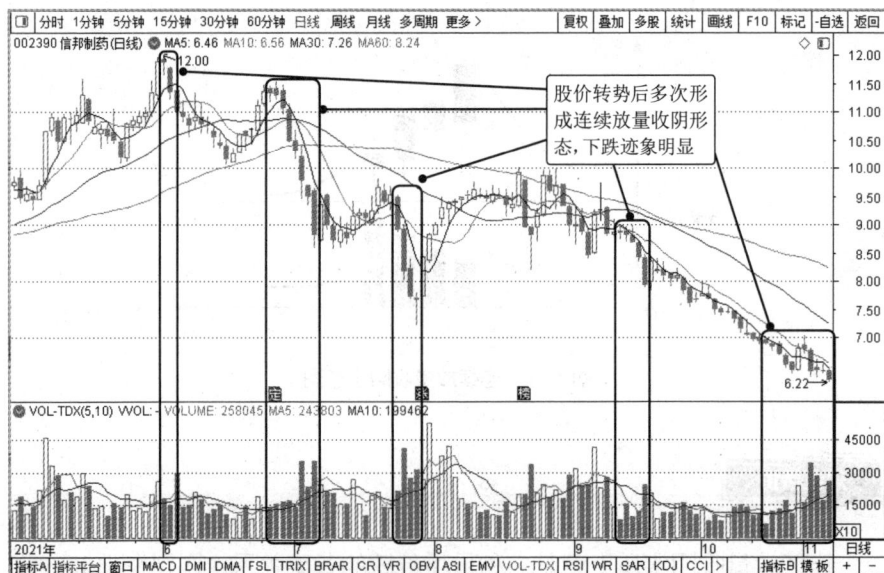

图 4-8　信邦制药 2021 年 5 月到 11 月的 K 线图

信邦制药这一段走势中展示的连续放量收阴形态还是比较典型的，并且形成次数非常多，如果投资者不依靠标注，直接在 K 线走势中寻找，还不一定能找全，且图 4-8 中仅标注出了几处比较明显的连续放量收阴。

整体来看该股这段走势，趋势还是比较明显的。在 5 月期间，该股还处于上涨阶段，价格不断创出新高。

6 月初，价格于 12.00 元处停滞后没有再继续上扬，而是连续几天收出阴线，第二根和第三根阴线实体较长。与此同时，成交量也在这 3 日中形成了放量的走势，连续放量收阴形态出现。

此时，可能很多投资者都还只是将其当作上涨行情中的正常回调，除了短线投资者和部分机警的中长线投资者离开了，其他投资者还在继续持有。

6 月中旬，该股跌至 60 日均线附近后止跌回升，但回升的高度明显有所下降，并且 30 日均线也出现了走平。在接触到 11.50 元价位线不久后，该股迅速大幅收阴下跌，不仅跌破了前期低点，成交量还跟随形成放量，再次构筑出了连续放量收阴形态。

在此期间，更多的投资者意识到了异常，行情有转向下跌的趋势，就连60 日均线都已经走平了。于是，本来还在犹豫的投资者果断卖出，就算没有盈利，也要把损失控制在可承受范围内。

7 月初，股价跌至 8.50 元价位线附近后再度回升。此次价格的高点更低了，并且见顶之后形成的连续放量收阴形态更明显，阴线实体非常大。如果此时还有投资者无法接受现实，不肯就此卖出承担损失的话，就要做好长期滞留在该股中，被牢牢套住的准备了。

继续来看后面的走势。股价这一波下跌幅度还是比较大的，一路从 9.50 元价位线左右跌至 7.00 元价位线上方才止跌反弹。从其高点来看，这次反弹相对来说比较积极，但依旧没能突破前期高点，很快便再次形成连续放量收阴形态，继续向下运行。

在此之后，该股的跌势就非常连贯了，整体几乎呈一条斜线下行，成交量波段放大，说明场内仍旧有不少被套盘在抓紧时间出局。

No.04 连续缩量收阴

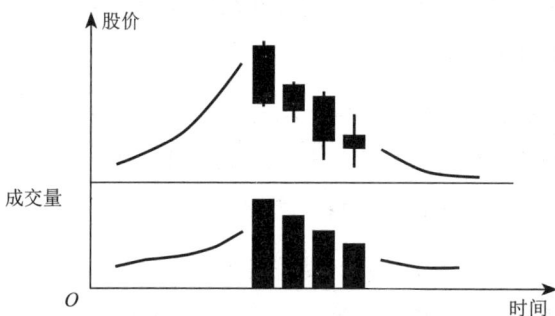

图 4-9 连续缩量收阴示意图

连续缩量收阴中的 K 线状态与连续放量收阴形态一样，都是连续的、实体较长的阴线（有时候会夹杂一些阳线）。有区别的是成交量，从示意图中就可以看到，连续缩量收阴形态形成时，量能是在不断缩减的，与股价共同形成了量缩价跌的配合。这种配合状态是下跌过程中最为常见的量价形态，也是投资者比较好理解的一种。

成交量的缩减意味着成交行为的减少，股价的降低意味着场内投资者在亏损，分笔交易中，卖单大概率是比买单多的，而且还在一步步降低。但是，持币投资者在没有看见后市上涨希望的情况下，大部分还是比较理智的，不愿意草率接盘，那么量缩价跌形态的出现也就顺理成章了。

这样的格局看似是一个死循环，但并不像一字跌停那般难以撼动。其实，股价在跌到某种程度时，场外围观的投资者会越来越多，大家都在思考，这只股票价格已经这么低了，现在买进有没有可能抄底呢？

当这样的想法越来越多，声音越来越大，总有果断出手的人。一旦股价被这些人推动到微微上涨，那么就很有可能引起跟风追涨，导致股价被不断涌进的资金越推越高，进而打破量缩价跌的格局。

这种情况很可能会出现在下跌行情末期，股价出现超跌的位置，在这种个股被严重低估的区域，非常容易形成触底回升。但是，这并不代表投资者遇到连续缩量收阴形态后要一直等待，直到股价重新上涨。

有一点需要承认，个人的力量终究是单薄的，个体的想法始终是不完善的，没有人能够为个股后市的走向进行保证。因此，投资者在遇见时间较长，跌幅明显的连续缩量收阴形态时（尤其是在下跌行情中），最好先卖出观望。

下面来看一个具体的案例。

应用实例

贤丰控股（002141）连续缩量收阴解析

图 4-10 所示为贤丰控股 2020 年 11 月到 2021 年 6 月的 K 线图。

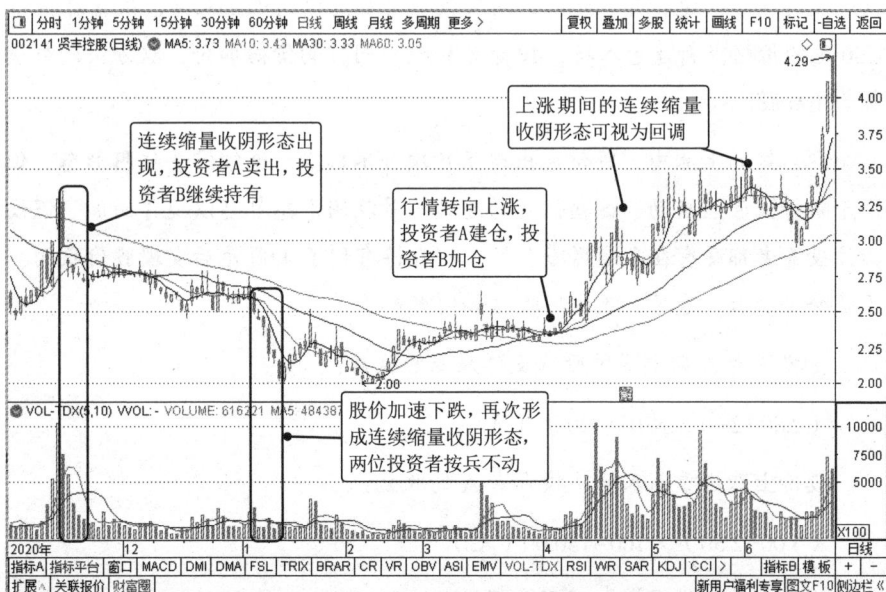

图 4-10　贤丰控股 2020 年 11 月到 2021 年 6 月的 K 线图

为了向投资者展示行情在下跌到极致出现连续缩量收阴形态时，选择及时卖出和坚持持股这两种决策的区别，这里同样假设有两位投资者。投资者 A 选择及时卖出策略，投资者 B 则选择坚持持有。读者也可以根据自己的习惯来跟随操盘，看看结果会有什么不同。

2020 年 11 月初，该股在下跌行情中形成了一次反弹，初始位置在 2.50 元价位线附近。此时，两位投资者都择机建仓买进，成本价都为 2.60 元，买进数量都为 100 股。

11 月中旬，该股反弹见顶后收出多根阴线，同时成交量也出现缩减，形成连续缩量收阴形态。投资者 A 及时以 2.80 元的价格全仓卖出，开始观望，此时收益约为 7.69%；投资者 B 则不为所动，坚定持有。

在经历了一段时间的震荡后，该股于 2021 年 1 月初开始加速下跌，成交量也在缩减，再度形成了连续缩量收阴形态。由于在此之前该股没有很好的买进时机，投资者 A 还在场外观望；投资者 B 则依旧留在场内。

2 月初，股价在跌出 2.00 元的低价后开始上涨，在 2.25 元价位线附近横盘一段时间后快速拉升。此时，两位投资者都意识到机会来临，投资者 A 以 2.50 元的价格重新建仓入场；投资者 B 也以同样的价格加仓，双方买进数量都为 100 股。

在后续的上涨中，股价也出现了几次并不标准的连续缩量收阴形态，但由于新行情已经启动，这些位置的连续缩量收阴形态都可以视作回调。假设两位投资者都没有在半途增减仓位，一直持有到了 4.00 元后发现股价收阴，于是纷纷卖出，这时，双方的收益如何呢？

①投资者 A 前期通过股价反弹赚取的收益：

（2.80-2.60）×100=20.00（元）

股价上涨后重新入场，投资者 A 的收益：

（4.00-2.50）×100=150.00（元）

综合来看，投资者 A 的总收益为 170.00 元。

②投资者 B 买进的第一批筹码成本价为 2.60 元，结算时价格为 4.00 元，

收益为：

（4.00-2.60）×100=140.00（元）

股价重新上涨后，投资者 B 以 2.50 元的价格买进一批数量一致的筹码，结算价依旧为 4.00 元，收益为：

（4.00-2.50）×100=150.00（元）

综合来看，投资者 B 的总收益为 290.00 元。

由此可见，尽管投资者 B 在连续缩量收阴形态后没有及时止损出局，但他在股价回升时加了仓，正是这果断增加的仓位，才让他的收益超过了投资者 A。如果投资者 B 拒绝止损一直持有，待到股价回升也没有加仓，那么他的收益是比投资者 A 低的。

这就为投资者提供了一个新思路，如果在卖出形态出现后错过了好的卖出时机，只能无奈被套的话，待到股价反弹或是进入上涨行情时果断加仓，是有机会慢慢解套的。

二、量价的配合与背离预示卖出

关于量价的配合与背离关系，已经在前面的几种形态中简单介绍了，但并没有深入讲解。在量价理论中，将量价关系划分为九大类，其中有三种配合关系和六种背离关系，具体如下：

- **量价配合关系：**包括量增价涨、量缩价跌和量平价平。
- **量价背离关系：**包括量增价跌、量增价平、量缩价涨、量缩价平、量平价涨和量平价跌。

当这九大类量价关系中的一些形成于特定位置时，将会传递出或明确或隐晦的卖出信号，信号强度会根据实际情况而有所改变。

不过，并不是所有的量价关系都会传递出卖出信号，比如量增价涨，就几乎没有形成看跌信号的情形，即便量增价涨形态出现后股价形成了下跌，投资者也不能单纯地从这个形态中看出下跌的契机。因此，本节就没有介绍这种量价关系，而是针对一些卖出信号明显的量价关系进行解析。

No.05 高位量缩价涨

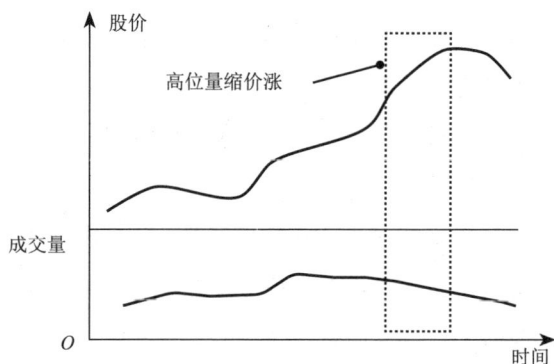

图4-11　高位量缩价涨示意图

量缩价涨属于量价的背离关系，从技术形态来看，成交量与股价的走势是相悖而行的，即股价上涨的同时，成交量却在缩减。

如果抛开这种形态形成的位置，单纯来分析其形成原理，许多投资者可能并不明白为什么会出现这种情况，股价涨势良好的情况下，市场的追涨激情居然不高，似乎很不合常理。

但若是量缩价涨形成于股价高位呢？这时投资者会发现，价格在短时间内过度上涨，或是当前已经处于非常高的位置，此时买进将会大大提高持仓成本，还可能面临被套的风险。因此，很多场外持币者的追涨热情就会逐渐冷却，买盘挂单数量有所下降。

但与此同时，卖盘的想法就不一样了。买盘担心的持仓成本，换作卖盘就是既得的利益，自然而然会产生惜售的心理，股价涨势越好，卖盘越是不肯放手。当然，并不是所有的持股投资者都有这样的想法，但只要一部分人存在惜售心理，那么卖盘的挂单数量也会下降。

在买方不愿买，卖方不愿卖的情况下，成交数量自然会缩减，与上涨的股价共同形成量缩价涨形态。

但就算理解了量缩价涨形成的原因，部分投资者还是会疑惑，这和卖出信号有什么关系呢？其实只要仔细想想就能明白，在失去买盘推涨动力的情况下，股价的上涨很难维持太长时间。一旦某一时刻出现下跌迹象，买盘就更不愿意接盘了，卖盘又急于出手，成交价格就会一降再降，股价将形成持续性的下跌，这就是卖出信号的来源。

因此，如果投资者在阶段高位或是行情高位发现量缩价涨形态，一定要保持高度警惕，不要轻易买进。如果已经追涨入场的投资者则要密切关注股价走向，当其下跌时，根据自身情况和信号强度做出决策。

为了向投资者展示在阶段高位和行情高位形成的量缩价涨杀伤力有何不同，下面将选择个股的两段走势来进行解析。

下面来看一个具体的案例。

应用实例

中锐股份（002374）高位量缩价涨解析

图 4-12 所示为中锐股份 2021 年 5 月到 11 月的 K 线图。

下面先来看阶段高位量缩价涨形态的表现，以及投资者的应对措施。

从中锐股份的这一段走势中可以看到，该股在上涨过程中的震荡幅度还是比较大的。在 6 月到 9 月这段时间内，股价还是维持住了上涨趋势，对于投资者来说，无疑是跟进的好时机。

在追涨的同时，也不要忘记观察成交量的变动。在 8 月之前，成交量与股价之间的关系都比较和谐。大部分时候，股价的涨跌都有量能的缩放进行配合。

但在进入 8 月后不久，在股价快速上冲的后期，成交量却出现了缩减。这只是短期内形成的背离，将时间拉长来看，可以发现该股于 8 月中旬突破了前期高点，运行到了 3.20 元价位线以上，但成交量的高点相较于前期却出现了下降，整体来看依旧与股价形成了量缩价涨的背离。

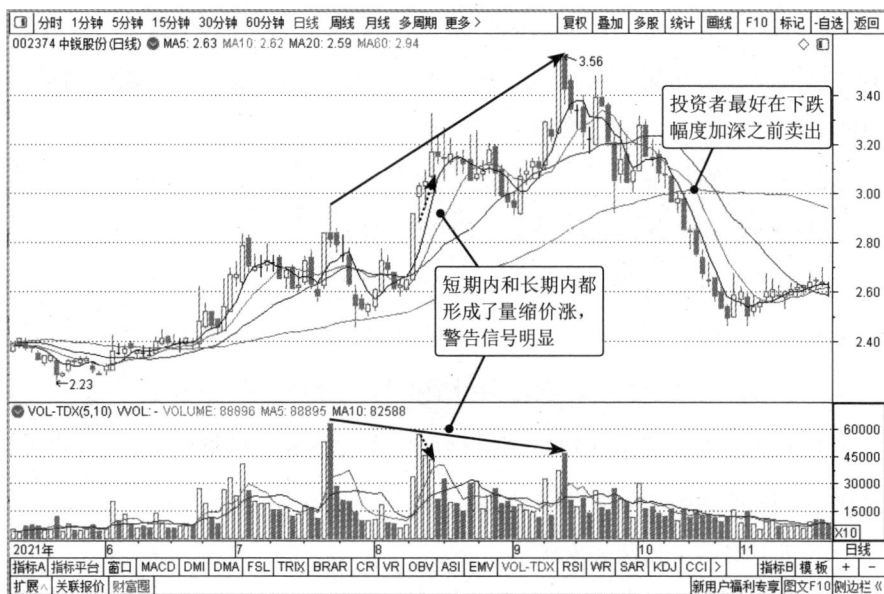

图 4-12　中锐股份 2021 年 5 月到 11 月的 K 线图

继续来看后面的走势。在 9 月初，股价回调结束后再次上冲，来到了 3.50 元价位线以上，创出了新高。反观成交量，发现量能峰值再度下移，再次与上涨的股价形成了明显的量缩价涨形态。

接近两个月的时间内，量缩价涨形态在该股中体现得淋漓尽致，只要是警惕性够高、观察够仔细的投资者，完全能够发现量能的异动。那么，这两个月的走势就为这部分投资者留出了充足的考虑时间和操作空间。

其中，8 月中旬股价在 3.20 元价位线附近停滞，相较于上涨初始的 2.40 元左右，涨幅约为 33%。9 月中上旬，股价滞涨的位置在 3.40 元左右，这里的涨幅也有近 42%。投资者若从拉升初始建仓或加仓，持股到这两个高点时，都能获得不错的收益，及时卖出也不会太遗憾。

下面来看看该股经历了深度回调后再度上涨，来到行情高位时的量缩价涨形态，观察股价反转后的下跌速度和幅度。

图4-13所示为中锐股份2021年11月到2022年4月的K线图。

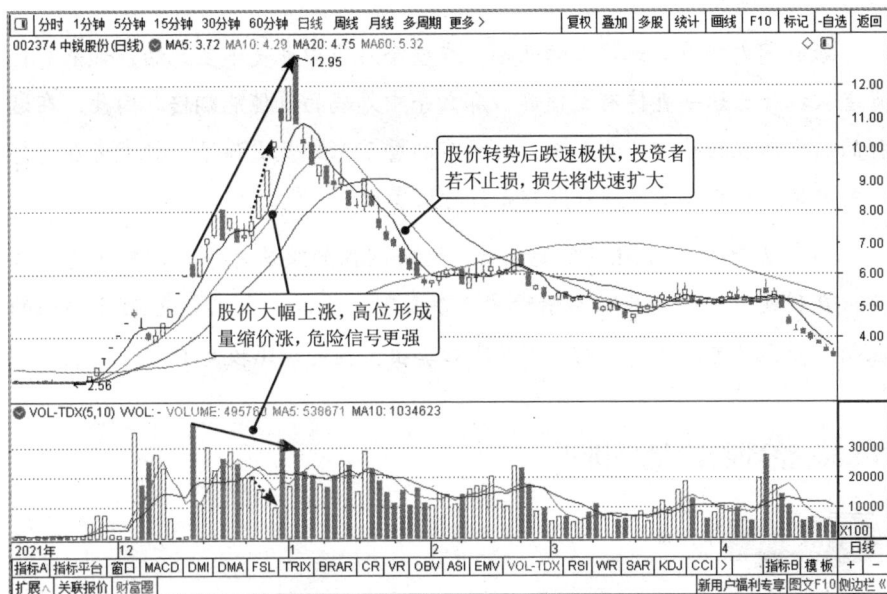

图4-13　中锐股份2021年11月到2022年4月的K线图

K线图中展示的是中锐股份接下来的走势，股价从2021年9月中旬的3.56元的高位跌落到2.50元价位线附近，横盘震荡了一段时间后，于11月底开启了急速的拉升。K线连续收出涨停阳线和数根一字涨停，代表个股中的主力已经准备就绪，开始快速将价格抬升到高位。

在此期间，成交量经常形成断崖式的下跌，这是一字涨停造成的，投资者不必将其与量缩价涨形态挂钩，毕竟二者的原理截然不同。

12月中旬，该股在6.00元价位线附近打开涨停板后，收出阴线的当日成交量量能巨幅放大。但在此之后，无论股价如何上涨，量能再也未能超过这一天。

这是从整体来看的，如果从短时间来看，在12月底，股价回调到10日均线附近止跌回升后，成交量还在缩减，与股价形成了明显的量缩价涨形态。

如果这些明显的警告都不能让投资者意识到危险，那么再来计算一下这段时间内股价的涨幅。在 11 月底，股价起始的价格大约为 2.60 元，截至 2022 年 1 月初，该股已经上涨至 12.00 元左右，在一个多月的时间内，涨幅达到了近 362%。

短时间内能有如此巨大的涨幅，在整个股市中也是不多见的，如果有投资者从拉升起始一直持有到顶部，那么手中筹码的价值能翻倍。因此，在这样的高位形成的量缩价涨形态，对后市的警示意味就更强了，投资者在获得了足够收益的前提下，最好提前寻找时机卖出。

毕竟从 2022 年 1 月股价见顶后，短时间内的跌速几乎与前期涨速一样快，直到跌至 6.00 元价位线附近才止跌整理，反弹也未能突破 60 日均线的压制。投资者若是等到此刻才下定决心卖出，损失就比较大了。

No.06 整理阶段量平价平

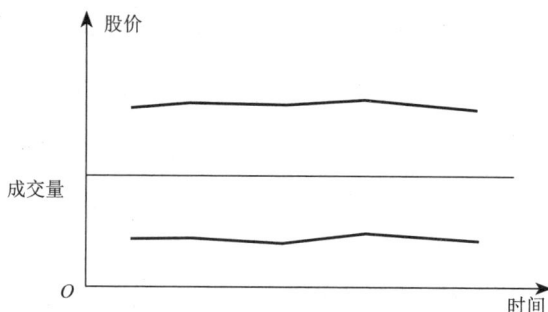

一图展示

图 4-14　整理阶段量平价平示意图

知识精讲

量平价平是股价在横向整理或是小幅震荡期间，成交量也没有形成明显的上下波动，二者形成同步走平的形态。

一般来说，股价与成交量同步走平时，说明行情大概率处于整理阶段，场内外的投资者都比较谨慎，互相以稳定的交易量交换筹码，等待变盘的到来。同时，也可能是主力故意在维持这种平衡状态，以便达到促进浮筹交换或者出货的目的。

但是，在一个完整的涨跌周期中，整理阶段可能出现的位置很多了，如上涨期间、阶段高位、行情高位、下跌期间等，只要是市场需要修整的位置，量平价平就可能形成。那么，投资者要如何判断量平价平形态结束后，股价的突破方向呢？

对于大部分人来说，要提前预判变盘方向还是有很大难度的，这里提供两种比较简单、常用的方法。

- ◆ **观察当前行情的趋势**：举个例子，当前行情处于上涨途中，那么股价向上突破的概率比较大；但当行情涨幅已大，成交量前期又形成了如量缩价涨的警告形态时，后市变盘向下的可能性就比较大了；若行情正在下跌，那么股价大概率还是会延续下跌走势。

- ◆ **观察均线是否转向**：由于均线的时间周期越长，扭转的难度越大，因此，投资者可以将注意力集中在中长期均线上，如30日均线、60日均线。若量平价平形成过程中，中长期均线还在沿着原有趋势运行，并且逐步向上或向下靠近K线，那么二者相接后，股价沿着原有趋势变盘的可能性较大；若中长期均线有走平或转向的迹象，那么行情就有可能发生逆转。

其实还有许多结合技术指标的分析方法，但都比较复杂，这里不再赘述。下面就针对一个处于下跌行情中的量平价平形态来分析操作方法。

应用实例

中顺洁柔（002511）整理阶段量平价平解析

图4-15所示为中顺洁柔2021年12月到2022年4月的K线图。

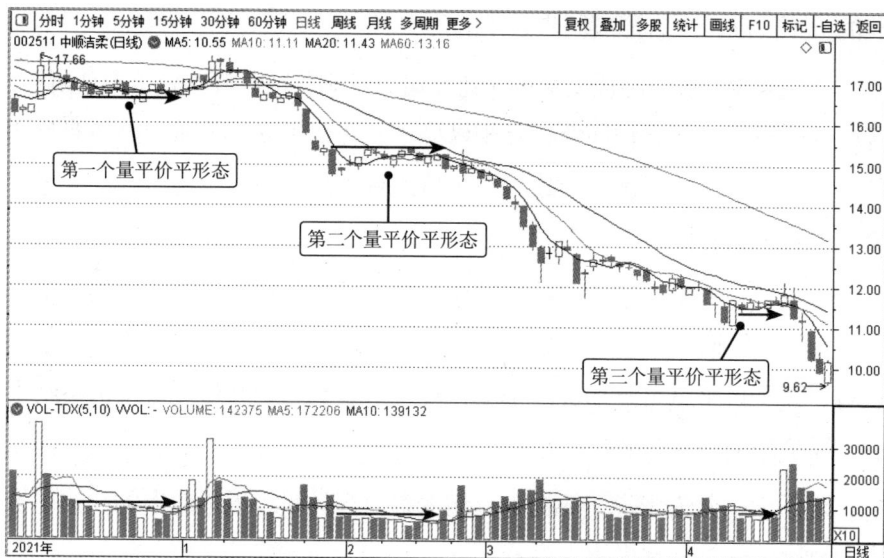

图 4-15　中顺洁柔 2021 年 12 月到 2022 年 4 月的 K 线图

在中顺洁柔的这段走势中，股价进行了多次横盘整理，成交量也随着股价的变化而不断波动，量平价平形态就隐藏其中。图中标注出了比较明显的几处，下面就结合前面介绍的两种方法逐一对这几个量平价平形态进行解析。

第一个形态形成于 2021 年 12 月期间，可能很多投资者粗略一看，发现成交量似乎并未完全走平，但其实不然。在行情运行过程中，要让成交量长时间完全处于同一水平基本是不可能的，因此，只要量能峰值在一段时间内大致相同就可以视作成交量走平。

那么，该股在 12 月期间形成量平价平后，投资者就可以借助中长期均线的走向来判断股价突破方向。首先来观察 20 日均线，可以看到在经过较长时间的横盘后，20 日均线已经与 K 线和短期均线黏合在一起，参考价值不大，那么再来看 60 日均线的表现。

可以看到，在横盘期间，60 日均线的下降角度已经变缓了许多，但整体还是向下运行的。并且仔细观察可以发现，该股在 12 月初尝试过突破 60 日均线，但最终失败。这就说明 60 日均线上依旧带有比较强大的压制力，股价要向上突破比较困难。因此，此处可以大致判断出股价后市看跌的信号，场内投资者要斟酌着卖出了。

第二个量平价平形态形成于 2022 年 2 月期间，在此阶段成交量走平的趋势更加明显，量平价平的形态也更加标准。先来观察均线的状态，可以发现经过前面数个交易日的下跌后，均线组合已经向下发散开来，20 日均线逐步向下靠近了 K 线。与此同时，60 日均线也在持续下行，与 K 线的偏离较大，说明股价突破希望渺茫，后市依旧看跌。

第三个量平价平形成于 4 月期间。在形态构筑期间，该股已经下跌到了 11.50 元价位线附近，前期跌幅较大。此时，不仅 20 日均线下跌角度更陡，60 日均线与 K 线的距离也拉得更大了。这就意味着股价跌速较快，市场中大部分投资者都在亏损，短时间内价格仍旧会下跌。

在经历了连续的 3 个量平价平形态后，大部分理智的投资者应该都已经卖出止损了。但场内仍有部分投资者打算长期持有，抑或是已被深套不甘心出局，但这样下去损失只会越来越大，情绪也会越来越消极，投资者尽量不要采取这种方式。

No.07　高位量缩价平

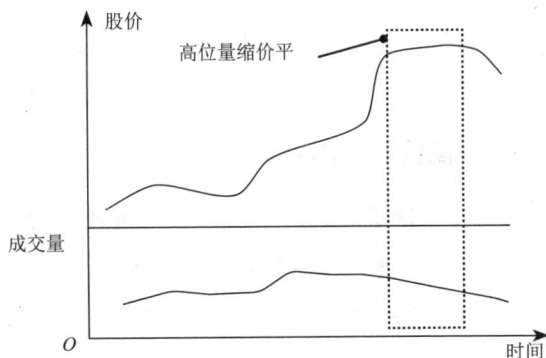

一图展示

图 4-16　高位量缩价平示意图

知识精讲

量缩价平与量平价平类似，也是常在整理阶段形成的一种量价背离关系，不同之处在于量缩价平形成过程中成交量是在不断缩减的。

其实从形成原理来看，量缩价平与量缩价涨比较相似，都是买卖盘出于各种原因减少挂单量，进而降低交易量造成的。

而价格之所以维持在一定水平，可能是因为主力无心维持涨势，市场缺乏向上的推动力，买卖双方互相制衡导致的。当量能缩减到某种程度，开始产生其他变化时，股价变盘的时刻就近了。

如果量缩价平形成于股价高位，那么在此之前个股很有可能已经出现了量缩价涨的形态。当量缩后价格难以再涨，就演变成了量缩价平的形态，意味着股价上方有压力，突破有困难，若没有其他力量维持，后续可能将演变成连续放量收阴或者巨量大阴线。

因此，投资者若在实际操作中发现了这种演变，那么从量缩价涨的位置就要开始警惕起来，或者提前出局。部分惜售的投资者不愿意提早卖出也没关系，但需要对个股保持一定的关注，等到量缩价平出现后再卖出也来得及。

下面来看一个具体的案例。

应用实例

电魂网络（603258）高位量缩价平解析

由于行情运行到顶部时可能会形成量价形态的演变，为了让投资者更直观地观察到这种演变过程，本案例将电魂网络从 2020 年 5 月到 11 月这段时间内的走势划分为两段进行解析。

第一段展示上涨途中阶段顶部的微型演变，以及接近顶部时的量缩价涨形态；第二段展示的就是量缩价平形态，以及紧随其后的连续放量收阴形态，帮助不同投资者寻找到合适的卖出时机。

下面来看第一段走势。

图 4-17 所示为电魂网络 2020 年 5 月到 7 月的 K 线图。

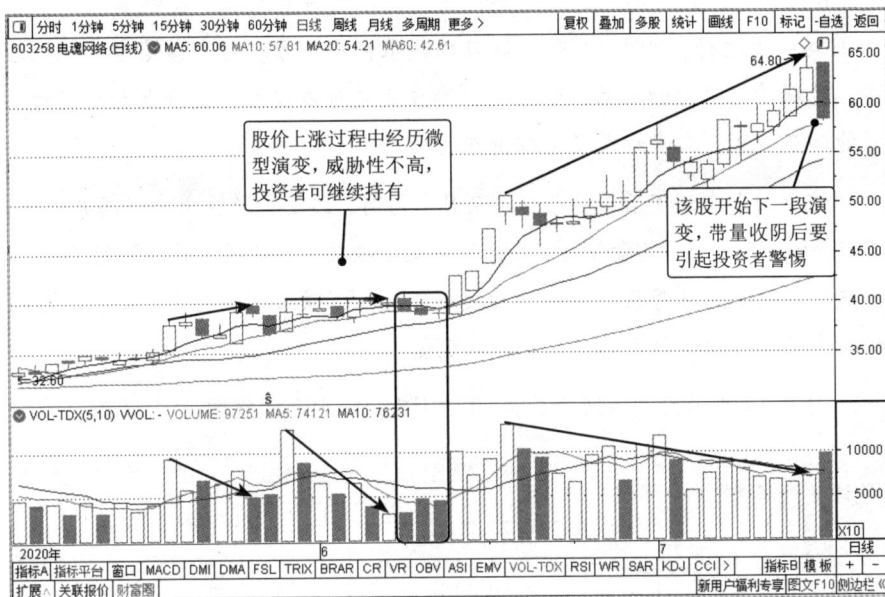

图 4-17　电魂网络 2020 年 5 月到 7 月的 K 线图

在电魂网络 2020 年 5 月到 7 月这段时间内，存在一个阶段顶部的微型演变过程，如果仔细观察就可以发现微型演变过程在 5 月下旬到 6 月上旬这段时间内。

借助图 4-17 中的标注来看，在 5 月下旬期间，股价还在缓慢向上攀升，但成交量却形成了缩减，第一阶段的量缩价涨出现。

5 月底后，该股在 40.00 元价位线附近滞涨，随后开始小幅横盘震荡，与此同时，成交量再度下滑，第二阶段的量缩价平形成。

6 月初，该股数次尝试以阳线突破压力线失败后小幅收阴下滑，成交量同步形成放大，第三阶段的连续放量收阴形态形成。

这其实是一段非常完整的顶部演变过程，但该股明显涨势未尽，20 日均线和 60 日均线上行角度稳定，就连 5 日均线和 10 日均线都没有产生交叉。说明这只是一次小幅的回调，场内投资者可以不必理会，谨慎卖出的投资者也可以在后续再次建仓买进。

6 月中旬，股价回调完毕后继续上涨，后续涨势积极，K 线长时间踩在 10 日均线上运行，20 日均线和 60 日均线承托在下方。这本该是市场积极跟进，追涨情绪热烈的场面，但此时观察成交量可以发现，股价上升的同时，量能却在缩减，二者形成了量缩价涨的形态。

这样的形态到了后期，也就是 7 月中旬时，该股突然收出一根高开低走、单日跌幅达到 8.19% 的带量大阴线，直接向下跌破 5 日均线，并接触到了 10 日均线，说明该股涨势可能暂缓，后续可能进入下跌或回调之中。此时，谨慎的投资者就可以提前出局，或是谨慎观望。

图 4-18 所示为电魂网络 2020 年 7 月到 11 月的 K 线图。

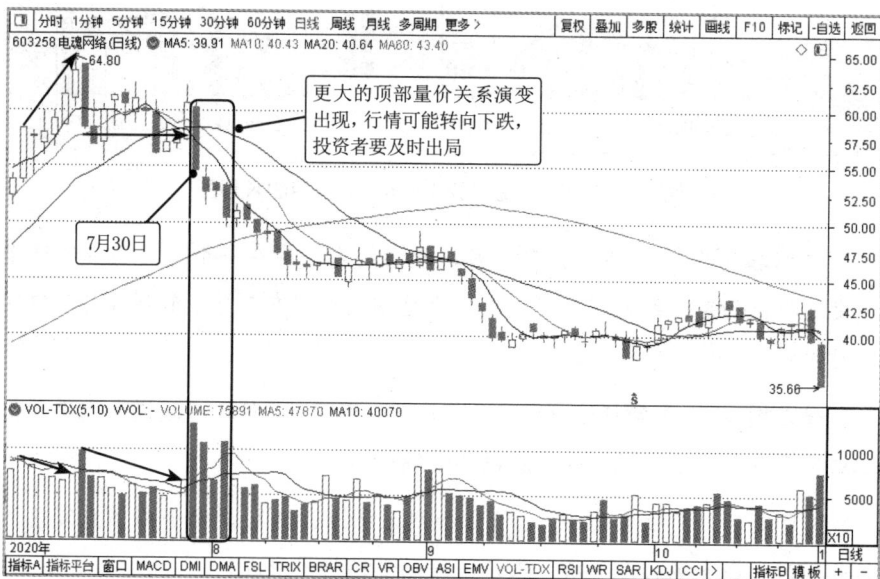

图 4-18　电魂网络 2020 年 7 月到 11 月的 K 线图

继续来看后面的走势。当 7 月中旬的带量大阴线出现后，该股小幅跌落到 10 日均线以下，但很快在 20 日均线上得到支撑，形成了回升，随后开始在 55.00 元价位线上方横向震荡。

　　仔细观察可以发现，在股价横盘的过程中，成交量量能还在持续缩减，量价关系从量缩价涨演变到了量缩价平。这就意味着市场中的买盘开始减少，价格也难以提高，后续发展可能不尽如人意，不希望冒被套风险的投资者可以借此高位卖出观望。

　　量缩价平运行到 7 月底，在 7 月 30 日时该股低开后迅速低走，于盘中跌到了跌停板上，在开板震荡一段时间后被封板，直至收盘都没有再打开，当日形成了一根大阴线。与此同时，成交量在当天形成了巨量。

　　在后面连续的几个交易日内，K 线连续收阴，尽管实体都没有 7 月 30 日阴线的实体大，但每一根阴线都带有比较大的量能。并且虽然成交量没有连续放量，但相较于前期的量能来说，依旧有不小的增长，因此是一种近似于连续放量收阴的形态，也就是高位演变的最后一个阶段。

　　由此可以很明显地看出，该股大概率即将彻底转入下跌或是深度回调之中。还未离场的短线投资者要抓紧时间；还在犹豫的中长线投资者也最好离场，避开这一段下跌，也避开可能的行情转变，毕竟从后续的走势来看，该股短时间内的跌幅还是比较深的。

No.08　高位量平价涨

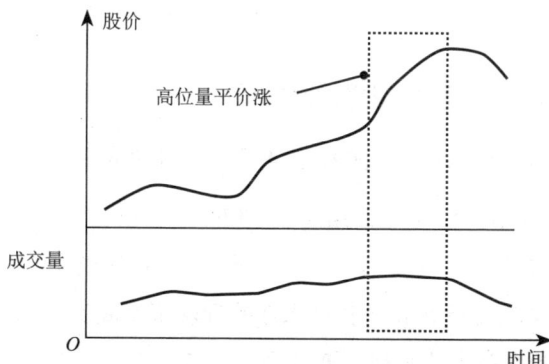

一图展示

图 4-19　高位量平价涨示意图

知识精讲

量平价涨形态的表现从其示意图中就可以看出，它是成交量量能在走平的同时，股价还在不断上涨而造成的一种量价背离关系。

量平价涨其实与量缩价涨的含义比较类似，都代表的是市场追涨激情平息，反映出买盘由于买进成本高、风险高而减少挂单量，卖盘惜售的同时也在减少卖单量的情况。那么此时，是谁在推动股价上涨呢？

很明显，这股力量大概率属于主力或其他投资机构，它们的目的会根据形态形成的位置而有所改变。本节介绍的高位量平价涨，就是主力或其他投资机构为了提高利润空间，以便在出货时能够获得更多收益而构筑出的冲刺形态。

这种冲刺形态在阶段高位和行情高位都十分常见，并且性质和操作策略与量缩价涨基本一致，甚至后续也会演变为量缩价平、量平价平等顶部滞涨形态。因此，投资者可参考量缩价涨形态的操作策略，结合上一个案例介绍的演变阶段来进行决策。

前面已经介绍了众多行情顶部的量价关系，那么本案例就选取一个处于上涨过程中阶段高位的量平价涨，来帮助投资者清晰地看出这种情况下短线投资者和中长线投资者在操作策略上的差异，以及各自的收益情况。

应用实例

斯达半导（603290）高位量平价涨解析

图 4-20 所示为斯达半导 2021 年 4 月到 8 月的 K 线图。

从斯达半导在 2021 年 4 月期间 60 日均线的走向可以发现，在前面一段时间内，该股经历了一段时间的下跌，导致 60 日均线向下转向。不过，进入 6 月后，60 日均线便在股价积极上涨的带动下完成了向上的扭转，整个均线组合形成了稳定的多头排列，开始向上运行。

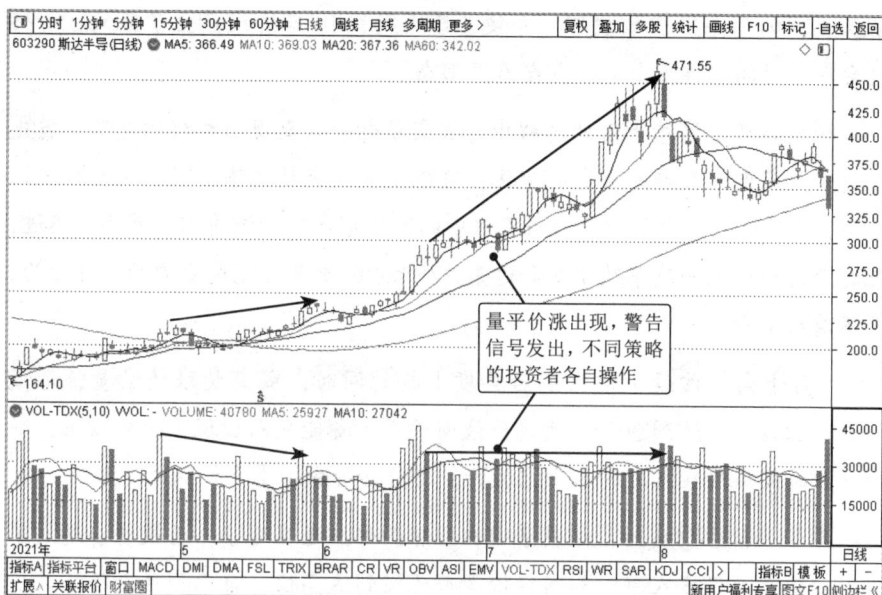

图 4-20 斯达半导 2021 年 4 月到 8 月的 K 线图

拓展知识 *什么是均线的多头排列*

在继续分析股价后续的走势之前，投资者有必要先了解一下均线组合的多头排列，以免影响理解效率。

大部分投资者都知道，均线组合通常由多根时间周期不同的均线构成，如本案例使用的就是 5 日均线、10 日均线、20 日均线和 60 日均线构成的均线组合。由于计算周期的差异，时间周期越短的均线，与 K 线的贴合度就越高，也越容易跟随股价扭转变化。那么，随着时间周期的拉长，中长期均线转变的速度也会相应放缓，更不容易出现彻底的转向。

因此，当股价转为上涨，短期均线会首先转向上方承托在 K 线之下，其后跟随的便是中长期均线。在 K 线图中，具体体现为短期均线、中期均线、长期均线自上而下依次排列，这就是均线组合的多头排列。只要形态不被破坏，那么股价的涨势就能延续，短时间内看涨。

多头排列形成后，股价在很长一段时间内都维持着稳定且快速的上涨，多头排列的形态很少被破坏。即便 5 日均线和 10 日均线产生了交叉，价格也会在短时间内再度上涨，重塑看涨形态。

但就在股价持续上涨的过程中，成交量却并未表现出积极的走势。首先来看 4 月底到 5 月期间量能的变化，可以发现成交量整体出现了一定程度的缩减，尽管幅度不大，但依旧与上涨中的股价形成了量缩价涨的背离。不过，此时股价刚从上一波下跌中缓和过来，因此量缩价涨可能是主力的拉升行为，而不是后市看跌的信号。

6 月上旬，该股小幅回调后再度上扬的同时，成交量跟随放量，形成配合。但在价格达到 300.00 元价位线附近后，量能反而出现了小幅回缩，随后便长时间维持在相近的水平上运行，与价格形成了量平价涨的背离。

在量平价涨形成后，该股依旧在上涨，形态还在延续，对投资者造成了一定的困惑，很多人难以判断股价是否已经到达高位，自己到底是否应该出局。如果出现了这种情况，投资者就有必要及时结合前期走势来分析了。

图 4-21 所示为斯达半导 2020 年 2 月到 2021 年 12 月的 K 线图。

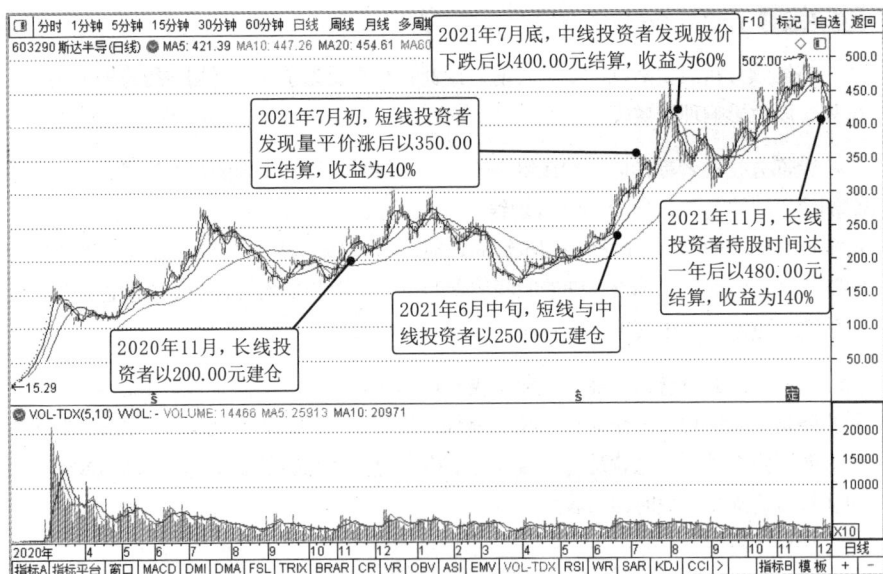

图 4-21　斯达半导 2020 年 2 月到 2021 年 12 月的 K 线图

K 线图中展示的是斯达半导自 2020 年 2 月上市以来，一直到 2021 年 12 月的走势。从其价格变化来看，该股上市价格仅为 15.29 元，放到 A 股市场中来看并不高。但仅仅一年多的时间，就从 15.29 元上涨至 2021 年 6 月的 300.00 元价位线以上，后市甚至还有继续上涨的迹象，可见该股涨速之快，涨幅之大。

因此，就算投资者在上一次下跌过程中被套，待到 2021 年 6 月之后，大概率也盈利了。同时，如此高位的量平价涨形态，发出的可能也是警告信号。

此时，短线投资者和部分谨慎的中长线投资者已经可以提前卖出了。若某位短线投资者在 2021 年 6 月中旬期间以 250.00 元左右的价格买进，在发现量平价涨后觉得不妥，就提前在 7 月初以 350.00 元左右的价格卖出，那么半个多月得到的收益就有 40%，也算非常不错的了。

至于其他的投资者，如惜售但希望避开下跌的投资者可在后续股价出现下跌迹象时卖出；长期持有的投资者若坚定看涨该股，也可以一直持有。

从后续的走势可以看到，7 月底，该股在 450.00 元价位线以上阶段见顶，随后出现了明显的下跌迹象。此时，不同持股周期的投资者可以根据自己的策略来进行操作，该出局的出局，该持有的持有。

此时，如果将某位在 2021 年 6 月中旬以 250.00 元价位线入场的中线投资者的收益，以 400.00 元的价格结算，那么在一个半月的时间后，这位投资者的收益大概在 60%，收益率非常高。

8 月底，该股回调结束再度上涨，截至 2021 年 11 月，最高上涨至 500.00 元价位线以上。此时，若将一位在 2020 年 11 月以 200.00 元左右的价格买进，并且期间坚定看涨该股，遇到量平价涨形态也没有卖出，但也没有加仓过的长线投资者的收益，以 480.00 元的价格结算，那么他的收益在一年后达到了 140%，直接翻了一倍还多。

由此可见，持股周期不同，操作策略不同，甚至心态不同的投资者，所采用的操盘方式和收益都有比较大的差别。投资者在将短、中、长线投资周期分别进行对比后，应该就能明白各自的优劣势，进而选择适合自己的方式。

No.09 见顶之后量增价跌

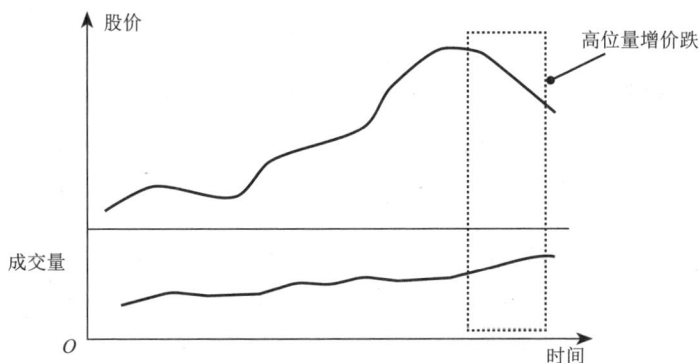

图 4-22　见顶之后量增价跌示意图

量增价跌是一种非常明显的量价背离关系，具体表现为股价下跌的同时，成交量量能整体呈放大状态。

如果投资者对前面的知识理解得够透彻，就能够发现连续放量收阴形态是一种比较极端但短暂的量增价跌形态。通常来讲，量增价跌没有对连续收阴和持续放量的要求，只要在一段特定的时间内，价格与成交量整体呈现出这种运行方向相悖的关系就可以。

因此，量增价跌形态构筑的时间可长可短，常形成于阶段见顶或是行情见顶之后向下滑落的过程中。有时候该形态在下跌途中，以及股价横盘整理的后期也可能形成。

那么，见顶之后的量增价跌有什么含义呢？投资者如果熟悉了连续放量收阴形态，应该就能自行判断出来，那就是股价经过上涨或是长时间横盘后，获利盘及被消磨掉耐心的投资者积累到了一定程度，最终在股价下跌后大批量卖出导致的，后市短时间内跌势确定，投资者要把握出局时间。

在前面的内容中提到了，量增价跌在反弹后期、横盘后期及下跌过程中都可能出现，那么这里就选取某只股票的一段走势，同时包含了这三种情况，来看看不同位置下形成的量增价跌的特性和杀伤力有何不同。

下面来看一个具体的案例。

应用实例

永辉超市（601933）见顶之后量增价跌解析

图 4-23 所示为永辉超市 2020 年 11 月到 2021 年 8 月的 K 线图。

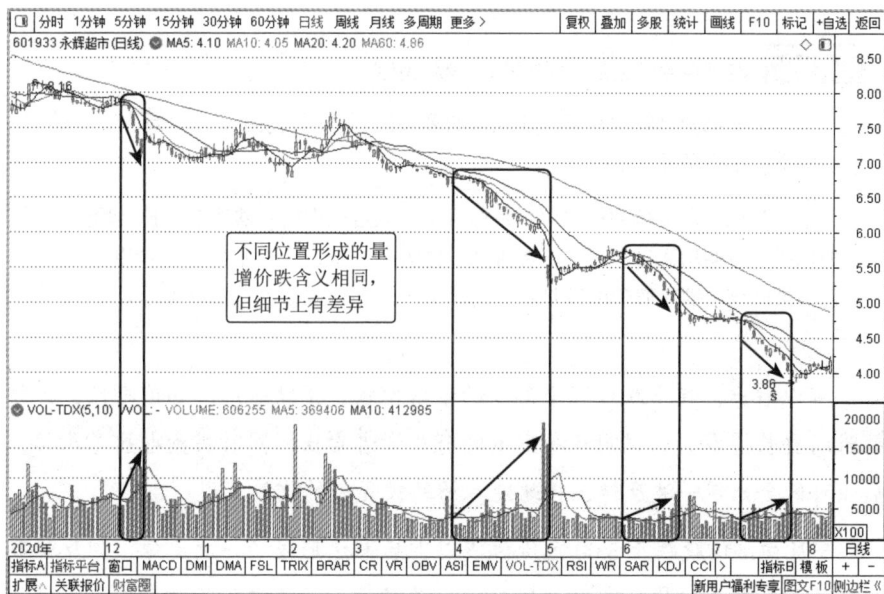

图 4-23　永辉超市 2020 年 11 月到 2021 年 8 月的 K 线图

从永辉超市 2020 年 11 月到 2021 年 8 月这一整段的走势来看，可以发现当前行情正处于下跌阶段，并且持续时间较长，下跌幅度较深。这段走势中包含了数个量增价跌的形态，我们从前往后依次来分析。

第一个量增价跌形成于 2020 年 12 月上旬，在图中框选的范围内投资者应该可以看出，这其实是一个连续放量收阴形态。而在此之前，该股正在 8.00 元价位线附近进行横盘整理。那么，这里的量增价跌就是投资者见势不妙，大批出局的表现。

在此次量增价跌形态形成后，该股跌至 7.00 元价位线附近止跌后再次进入横盘，可见此处的量增价跌形态的杀伤力并不强，但对后市依旧是有看跌预示的。

第二个明显的量增价跌形态形成于 2021 年 4 月期间。与上一次的量增价跌不同，在形态形成之前，该股经历了近 3 个月的横盘震荡后已经进入了下跌之中。尽管跌速不快，但跌势持续，均线组合向下发散并很快形成了空头排列，第二个量增价跌正是形成于均线组合空头排列的过程中。

拓展知识　*均线组合的空头排列与多头排列相对应*

上一个案例中已经解释了均线组合的多头排列，那么投资者举一反三，就能够明白空头排列是什么情况。

空头排列与多头排列相对应，是形成于下跌过程中的看跌形态，长期均线、中期均线、短期均线自上而下依次排列，覆盖在 K 线之上，形成压制作用。只要形态不被破坏，那么股价的跌势就会持续下去，并且跌速也会比较快。

可以看出，在下跌过程中形成的量增价跌，下跌速度不如前期快，但持续时间要长得多。这说明市场中不断有投资者卖出，同时买盘也愿意承接，后市可能会出现一波反弹，将此处入场的投资者的收益变现。

5 月初，该股跌至 5.00 元价位线以上后果然形成了一次反弹，但反弹高度不尽如人意，价格还未接触到 6.00 元价位线就拐头进入下跌之中，再度形成了一个量增价跌形态。

这是一个形成于新位置的量增价跌，从其跌速和持续时间来看，该形态的杀伤力比前面两处的杀伤力都要强一些。可能是因为场内不仅有被套盘在大量卖出，还有许多短期获利盘在兑现出局，这才导致股价下跌速度格外快。

6 月下旬，该股跌至 5.00 元价位线下方不远处止跌横盘，半个月后继续下跌，股价与成交量形成了一个不太激烈的量增价跌形态，但价格下跌深度依旧较大。

不过，这终究是一只股票中的个别例子，不能完全代表不同位置的量增价跌的具体表现。因此，投资者可以将此视作一个参考，而不是定律，在实际操作中还是要具体情况具体分析，该出局时最好不要犹豫。

No.10 下跌途中量缩价跌

一图展示

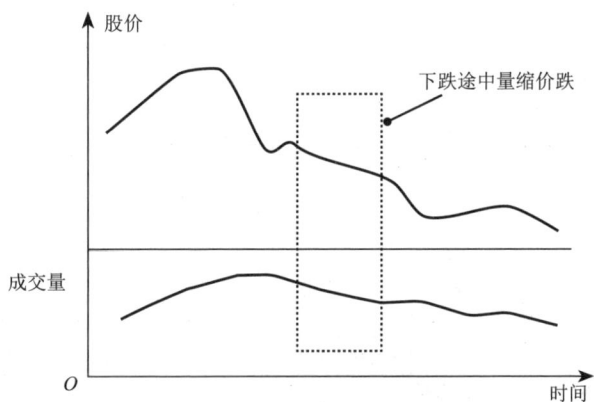

图 4-24　下跌图中量缩价跌示意图

知识精讲

量缩价跌是一种非常常见的量价配合关系，同时也是下跌过程中的主要推动形态。形态中成交量缩减的原因主要在于买盘的减少，而价格的不断下降则是由于卖盘之间的价格竞争。

由此可见，这种情况很容易形成恶性循环，并且单凭散户的力量是不容易扭转的。也就是说，只要主力或其他投资机构不打算介入，或是没有外界因素刺激（比如基本面消息）的情况下，量缩价跌可能会延续相当长的时间。

因此，如果在下跌过程中的量缩价跌形成后投资者已经被套，或是前期收益在不断被消磨，那么就要选择合适的位置先行卖出了。对于场外投资者来说，在此阶段内最好就不要介入，以免判断失误直接被套。

其实，量缩价跌还有一种极端情况，那就是连续一字跌停加上量能极端缩减，这种形态的杀伤力是最强的，也是最不容易逃离的。这里选取某只股票在下跌过程中的一段走势，帮助投资者直观地看到普通的量缩价跌形态和极端的一字跌停所造成的影响以及逃离方式。

下面来看一个具体的案例。

应用实例

华鼎股份（601113）下跌途中量缩价跌解析

图 4-25 所示为华鼎股份 2019 年 3 月到 11 月的 K 线图。

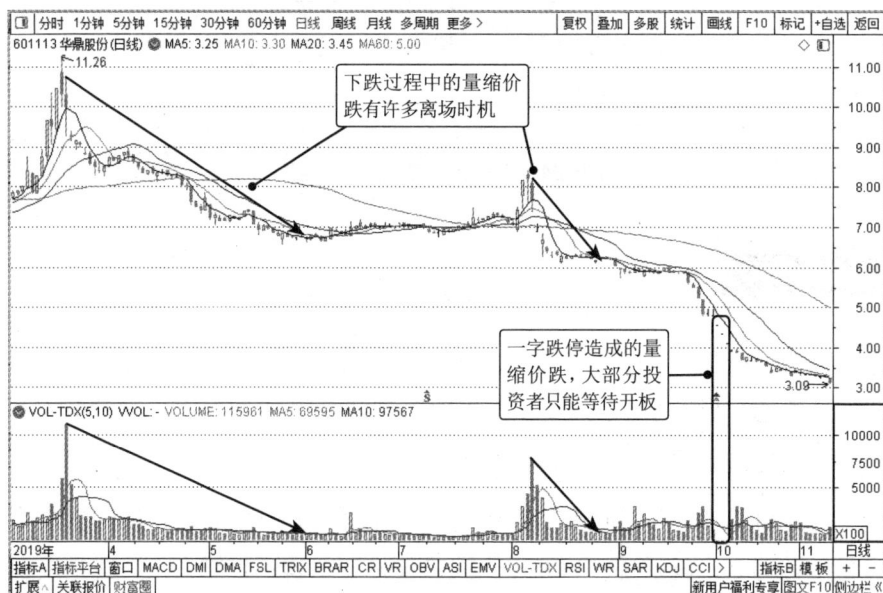

图 4-25　华鼎股份 2019 年 3 月到 11 月的 K 线图

在华鼎股份的这段走势中，60 日均线已经反映出了当前的行情状况，即该股正处于下跌之中。那么，2019年3月期间形成的就是一次幅度比较大的反弹。正是由于反弹的高度可观，吸引了大量短线投资者买进入场，希望成功抢到这一段涨幅。

在短短数十日的时间内，该股从8.00元价位线以下很快上升至最高的11.26元，短期涨幅确实令人咋舌，短线投资者获利颇丰。但就在该股阶段见顶的当日，K线就收出了一根带长上影线的阴线，说明上方有压力，反弹可能即将到达尽头。

次日，该股继续收阴下跌，许多投资者见势不妙迅速卖出兑利，盘中交易非常活跃，这一点从当日激增的成交量量能也可以看出。在后续的发展中，股价一路下滑，成交量量能也形成了长时间的缩减，量缩价跌形态出现，开始将行情向下推进。此时，被套投资者就要及时止损了。

时间来到6月初，该股在7.00元价位线下方止跌企稳后开始小幅度地回升，但在回到该价位线附近后就形成了横盘走势。此时，场内投资者和场外投资者大部分按兵不动，保持观望，成交量也开始走平，与价格之间形成了量平价平的整理形态。

这样的形态一直持续到7月中旬，该股形成了明显的反弹迹象，买盘逐渐增长，成交量量能微微放量，股价很快便反弹到了8.00元价位线以上。但如前一次反弹一样，上方的压力依旧很大，该股在小幅越过8.00元价位线后很快便拐头下跌，成交量与价格又形成了量缩价跌形态，传递出卖出信号。

截至目前，该股的运行都很正常，反弹、下跌、横盘、再反弹、再下跌，这些都是个股经历熊市行情时的必经之路。但接下来的走势就很难让人料到了，投资者要特别注意。

9月下旬，华鼎股份在跌至6.00元价位线附近横盘一段时间后再度下滑，于5.00元价位线附近停顿几日后，突然开始了连续的一字跌停，导致成交量极度缩减，形成极端的量缩价跌形态。

从K线下方的"▲"标志可以看出，在10月9日，也就是一字跌停开始的当日，该股改了名字，从华鼎股份改为了ST华鼎。这就意味着华鼎股份被实施了其他风险警示，这对于一只股票来说是非常重大的影响，那么形成一字跌停也就在情理之中了。

但对于场内被套的投资者来说就不是那么轻松了。在本章前面的内容中介绍过地量一字跌停的形成原理和逃离方法，投资者需要尽可能在一字跌停期间挂单卖出。但实际上，大部分投资者还是只能被动等待，直到跌停板打开后才能交易，损失自然比较大。

注意，以上案例涉及的个股改名导致的一字跌停非常特殊和少见，不是所有投资者都能遇到，即便真的遇见了，在此之前也是有迹可循的。

比如股份公司发布的业绩报告显示净利润为负，这说明该公司可能出现了经营风险。

因此，投资者如果真的在实际操作中发现了公司经营不善，有被实施警告的可能性时，一定要注意观察公司发布的公告及其他基本面消息，提前在极端情况出现之前逃离，避免出现被困在一字跌停中的情况。

第五章

K线与趋势性指标共寻卖点

趋势性指标是一类实用性非常强的技术指标，最常见的就是趋势线和移动平均线。这两个指标各有优势，用法也不同，若将其与K线结合也能对投资者在寻找卖点方面产生更大的助益。

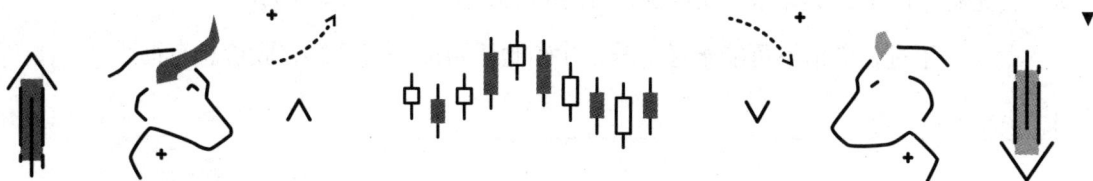

一、趋势线与 K 线共同研判

趋势线是一种需要投资者自行绘制的，对股价具有支撑或压制作用的斜线，主要分为上升趋势线和下降趋势线两种。前者在上涨行情中绘制，后者则在下跌行情中绘制，具体的画法会在后面的案例中进行详细解析。下面就将 K 线与趋势线相结合，寻找行情中的卖点。

No.01 K 线跌破上升趋势线

一图展示

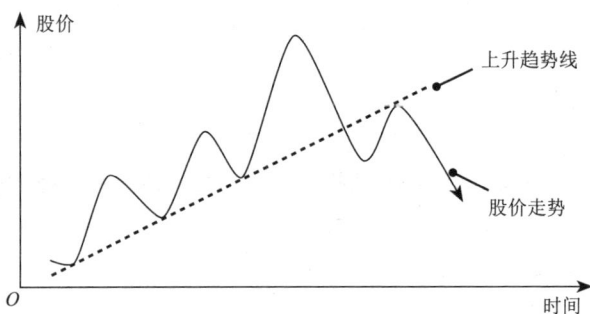

图 5-1 K 线跌破上升趋势线示意图

知识精讲

首先来介绍上升趋势线的绘制。在上升行情中，股价的低点其实是在不断上移的，体现出下方的支撑力。那么，选取其中相邻的两个低点连接，就能够绘制出一条斜线，如果下一个低点能够在这条线上得到支撑并回升，那么这就是一条有效的上升趋势线。

一旦上升趋势线生效，行情后续的发展可能会长时间围绕这条趋势线进行，同时，上升趋势线也会为股价的上涨提供强劲的支撑力。

不过，价格不可能永远上升，牛市也不可能一直延续，股价总有彻底跌破上升趋势线的一天。当这样的时刻来临时，投资者就要注意判断，上升趋势线的跌破既可能是因为股价短时间内回调过度导致的，也可能是行情到达高位，即将转势下跌造成的。

当然，如果投资者无法做出准确判断，还是以出局为佳，先将前期利润落袋，避开短时间内的下跌，再考虑后续会不会踏空行情。就算价格在后期能够再度回到上涨轨道，投资者也可以在低点再次买进。

拓展知识　*趋势线的可调性*

需要注意的是，尽管在绘制趋势线时需要由三个点来确定，但如果后续的点位高度发生了变化，没有精准落到趋势线上时，投资者完全可以在原有趋势线的基础上，以新的点位为基准，调整趋势线的角度，如图5-2所示。

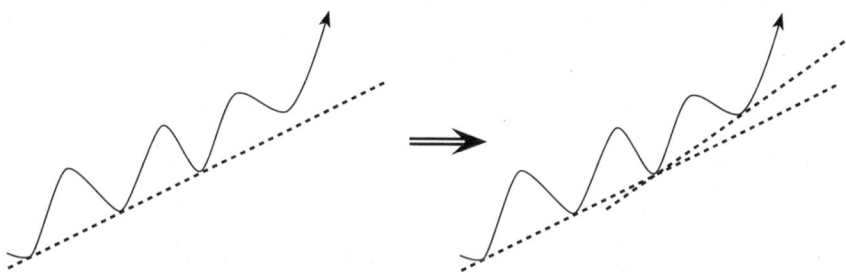

图5-2　上升趋势线的调整

因此，趋势线是具有可调性的，只要在调整后能够再经过一个点，那么新的趋势线的有效性也能得到确认，投资者此时就可以利用新趋势线来操作，但要区分清楚趋势线被突破或跌破后能否继续调整，如若不能，也要及时做出决策。

下面来看一个具体的案例。

应用实例

鞍重股份（002667）K线跌破上升趋势线寻找卖点

图5-3所示为鞍重股份2021年1月到7月的K线图。

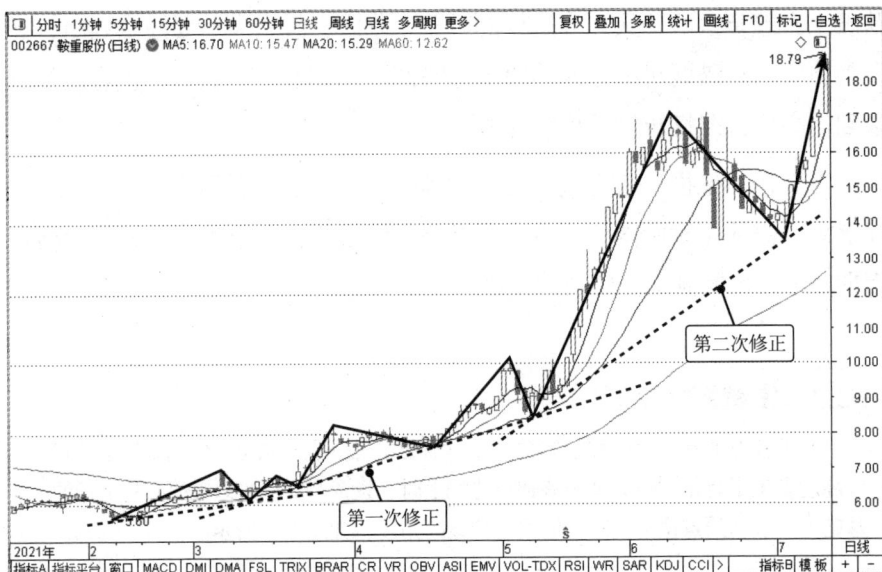

图 5-3　鞍重股份 2021 年 1 月到 7 月的 K 线图

先来看鞍重股份在上升行情中趋势线的画法。从 K 线图可以看到，在 2021 年 2 月期间，该股跌至 6.00 元价位线附近后止跌回升，形成了第一个低点。3 月上旬，该股上升至 7.00 元价位线附近后回调，形成了第二个低点。将这两个低点连接起来，就得到了第一条待验证的上升趋势线。

3 月下旬，第三个低点出现了，但并未落到趋势线上，而是在其上方就止跌回升了。此时，投资者就有必要对其进行修正，将趋势线向上倾斜，使其经过新的低点，形成第二条待验证的上升趋势线。

4 月中旬，股价在上涨至 8.00 元价位线附近后滞涨，小幅回落后形成了又一个低点，刚好落在了趋势线上，确认了这条上升趋势线的有效性。在 5 月上旬，该股形成的又一个低点依旧踩在这条趋势线上，说明下方支撑力充足，上升趋势线比较可靠。

在此之后，该股的涨速明显加快，与上升趋势线产生了明显的偏移。6 月中旬，该股跌至 14.00 元价位线附近后回升，但在回升两个交易日后就再次下跌，后面的低点依旧位于该价位线附近，远远高于第一次修正的上升趋势线。

因此，投资者有必要对上升趋势线再次进行修正，使其向上大幅倾斜，然后等待下一个低点的到来。

图 5-4 所示为鞍重股份 2021 年 5 月到 2022 年 2 月的 K 线图。

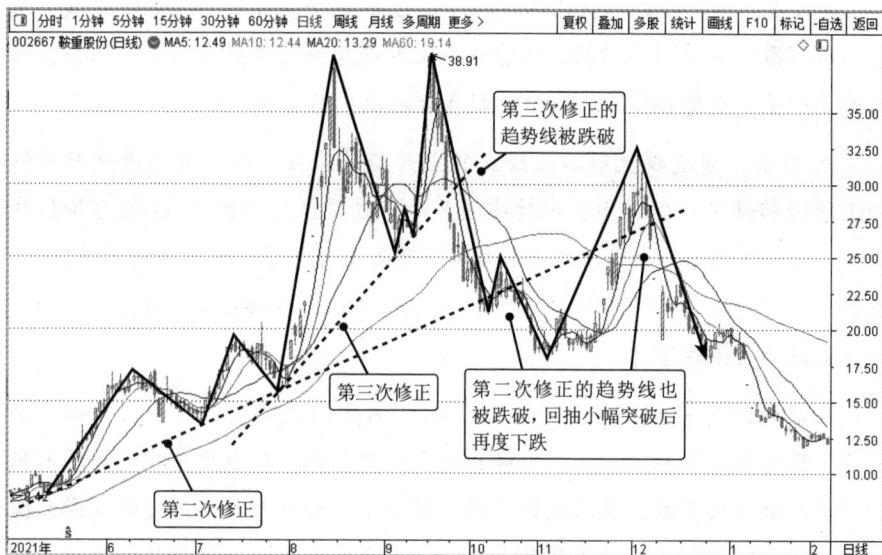

图 5-4　鞍重股份 2021 年 5 月到 2022 年 2 月的 K 线图

从后续的走势可以看到，上升趋势线第二次修正完成后，7 月底，该股回调至 15.00 元价位线附近，形成的低点落在了这条上升趋势线附近，确认了它的有效性。因此，投资者就可以将其当作研判依据来使用。

在此之后，该股继续上涨，这一次的涨势极为迅猛，股价在半个月不到的时间内就从 15.00 元左右冲到了 38.00 元以上。在 38.00 元价位线上受阻后该股回落，低点位于 25.00 元附近，再次与上升趋势线产生偏移，于是，投资者进行了上升趋势线的第三次修正。

就在修正过后不久，该股形成了下一个低点，落在新的上升趋势线上，虽然也能够确定其有效性，但由于低点相隔太近，稍微有些勉强。因此，投资者可保留上一条上升趋势线，共同对该股走势进行研判。

9 月中旬，该股上冲越过了前期高点，并创出 38.91 元的新高，但就在见顶的当日，股价持续低走，当日收出了一根跌停大阴线。这说明该股上涨乏力，再加上当前位置较高，后续可能难以再有更好的表现，行情很有可能转势进入下跌之中。此时，投资者就要密切关注K线与上升趋势线之间的位置关系了。

9月底，该股在大幅收阴的过程中迅速跌破了修正后的上升趋势线，随后一路下滑，并未形成回抽。尽管这条上升趋势线的有效性还有待商榷，但此处无疑是一个警告信号，谨慎的投资者可以先行卖出。

10月初，该股跌至第二次修正的上升趋势线处止跌，并沿着该趋势线向上缓慢移动了一段时间，但最终还是向下跌破，运行到了20.00元价位线以下。这无疑是上一个卖出信号的加强，两条上升趋势线都被跌破的情况下，投资者很难再对趋势线进行修正，即便修正也无法维持上升走势，因此，行情转势成为大概率事件。

从后续的走势也可以看到，该股在11月中旬左右进行了一次大幅度的反弹，反弹高点还越过了第二次修正的上升趋势线，但在离前期高点还有较长距离时就拐头下跌，再次跌到了趋势线以下。由此可见，此处的反弹大概率是行情的回抽行为，后市高度看跌，还未离场的投资者最好借此高点尽快出局。

No.02 K线突破下降趋势线受阻

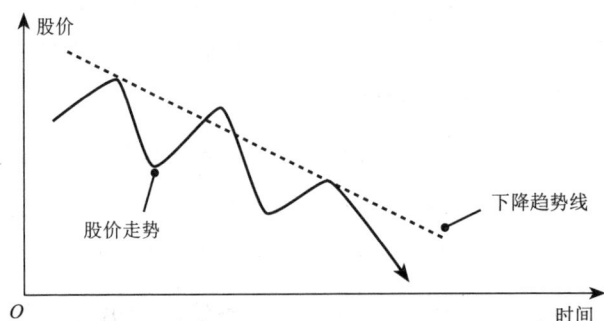

一图展示

图5-5　K线突破下降趋势线受阻示意图

下降趋势线的画法与上升趋势线类似，只是需要依靠的是股价反弹的高点，整条趋势线是覆盖在 K 线上方的。并且下降趋势线也可以不断地进行修正，直到股价进入新行情，彻底改变下跌趋势。

那么，在下降趋势线之下，投资者又能寻找到哪些卖点呢？比较显而易见的就是股价反弹到下降趋势线附近受阻，以及股价小幅突破到下降趋势线上方的位置，这两处卖点比较容易判断，非常适合抢反弹的短线投资者及被套的中长线投资者。

下面来看一个具体的案例。

亿纬锂能（300014）K 线突破下降趋势线受阻寻找卖点

图 5-6 所示为亿纬锂能 2021 年 11 月到 2022 年 4 月的 K 线图。

图 5-6　亿纬锂能 2021 年 11 月到 2022 年 4 月的 K 线图

从亿纬锂能这段下降走势中可以看到，该股下降的过程十分规律，呈现出一波一波向下移动的状态。那么，这段时间内的下降趋势线就很好绘制了，通过几个高点先绘制出了第一条相对陡峭的下降趋势线。

在很长一段时间内，该股反弹的高点大部分都在这条下降趋势线的压制下，并且由于趋势线下行角度较大，股价每次反弹的高度都比较低，无法为投资者提供更好的抢反弹机会。不过，经验丰富的投资者可试着操作，但要注意及时在反弹高点卖出。

2022年2月底，该股形成了一次比较明显的反弹，高点在90.00元附近。紧接着该高点之后形成的反弹幅度更大，并且高点明显越过了原有的下降趋势线。为保证研判的准确性，此时投资者可对下降趋势线进行修正。

继续来看修正后的下降趋势线，可以发现它刚好经过了1月底的一个位置较低的高点，这就确定了一条新的下降趋势线。

可以看到，新的趋势线倾角明显缓和，这就意味着股价的反弹更有操作意义，每一个位于下降趋势线附近的高点都可以视作卖点。因此，抢反弹的短线投资者可谨慎参与，被套的投资者也可以寻找合适的位置止损。

二、K线与均线结合的特殊形态

均线全称为移动平均线或是MA指标，常叠加在K线图上使用，也是大部分炒股软件默认的主图指标。

在前面的许多案例中，投资者都可以发现均线组合的使用痕迹，部分案例中还介绍过一些基础用法，比如均线组合的支撑作用、压制作用、多头排列及空头排列等，由此可见均线的实用程度。

不过除此之外，均线与K线结合时还有更多的巧妙用法，例如一些特殊形态和位置关系等。只要学得精、用得好，均线与K线的结合分析就能为投资者提供相当有效的助力。

No.03 断头铡刀

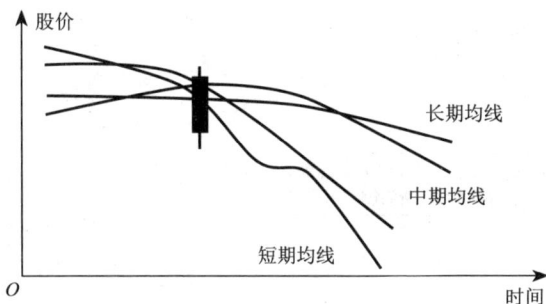

图 5-7 断头铡刀示意图

从该形态的示意图中就可以看出，为什么人们会将这种形态称为断头铡刀。很明显，断头铡刀形态的关键点在于其中的一根实体较长的大阴线，这根大阴线自上而下贯穿了整个均线系统，仿佛一把铡刀将其拦腰斩断。

既然一根大阴线能够穿过数条均线，那么整个均线系统大概率是黏合或缠绕在一起的，造成这种状态的原因就是正在盘整或是小幅震荡的股价。也就是说，断头铡刀的形态通常出现在股价横盘的后期，或是滞涨后小幅震荡的末尾，这根大阴线就是股价即将进入下跌的标志。

不过，形成于上涨回调前夕的断头铡刀，与形成于下跌反弹后期的断头铡刀，其信号强度是不一样的。

下面来看一个具体的案例。

有棵树（300209）断头铡刀形态分析

图 5-8 所示为有棵树 2020 年 7 月到 11 月的 K 线图。

图 5-8　有棵树 2020 年 7 月到 11 月的 K 线图

先来看看有棵树的这段走势中断头铡刀身处何处。很明显，就是 9 月 10 日这一天的大阴线。

从前面的股价变动以及 60 日均线的运行方向可以发现，在 2020 年 7 月之前，该股还处于上涨过程中。即便某一时刻拐入了下跌，60 日均线也还保持着上扬，短时间内未被扭转。

在股价下滑的过程中，K 线反复震荡，导致 5 日均线、10 日均线及 30 日均线纠缠在一起，彼此相隔距离都不远，只有 60 日均线还游离在外。但在进入 9 月后，K 线与 60 日均线相遇，并在持续的波动中带动 60 日均线靠近其他 3 条均线，最终 4 条均线都完成了汇合。

但就在汇合的数日后，9 月 10 日，该股低开后震荡了一段时间，但很快便于 10:00 之后急速下坠，直到创出 13.97 元的当日新低后才小幅回升，当日以 14.14% 的跌幅收出一根大阴线。

回到 K 线图中，可以发现这根大阴线自上而下完整地贯穿了整个均线系统，并从 16.50 元以上大幅下探到了 14.00 元价位线附近，形成了一个标准的、信号强度极高的断头铡刀。

如果投资者将自己带入当时的情景，又会做何决策呢？这时可能有人会说，在不知道前期走势的前提下，单纯从短时间内的走势来看，很难进行判断。那么，接下来就将视线拉长，来看看该股的长期走势如何。

图5-9所示为有棵树2019年5月到2021年2月的K线图。

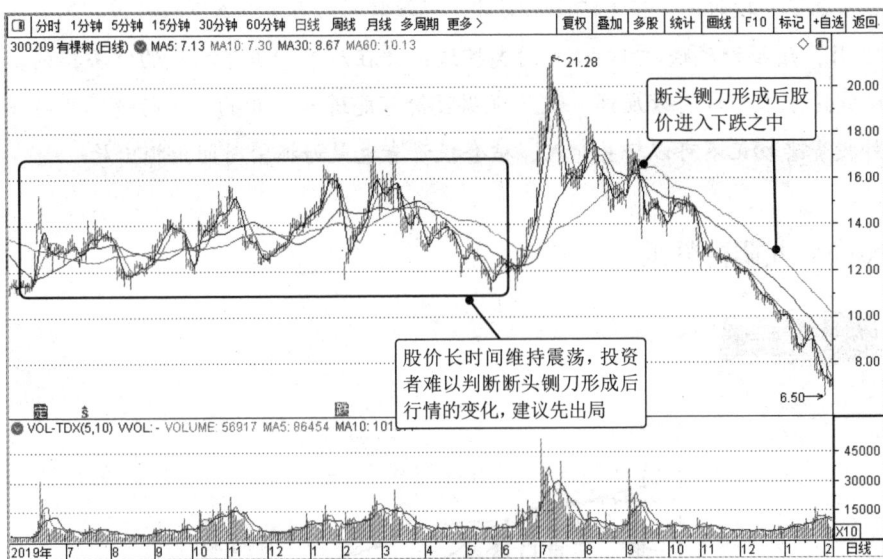

图5-9　有棵树2019年5月到2021年2月的K线图

先来看2020年9月断头铡刀出现之前的走势，可以发现在2019年5月到2020年5月这一年的时间内，该股几乎长时间停留在12.00元到16.00元的价格区间内震荡。尽管期间可以看出价格的上升，但其上涨幅度非常小，完全可以将其视作震荡行情，而不是上涨行情。

直到进入2020年6月后，股价才开始了一波明显的拉升，但拉升高点也仅止于21.28元。尽管相较于拉升起始的12.00元，该股的涨幅有77%左右，不过拉升时间太短，视作上升行情就太过勉强了，只能看作是一次多方或是主力意图兑利的冲刺行为。

由此可见，该股实质上还是处于震荡行情之中，那么断头铡刀出现后的发展情况就很难预测了。价格可能在12.00元价位线上下得到支撑再次回升，继续震荡，也可能就此跌破该支撑线，进入下跌之中。

因此，在后市发展方向不明朗的情况下，无论是短线投资者还是中长线投资者，最好都以卖出为佳，在保证收益或及时止损的情况下，才有底气继续观察接下来的变化。

从后续的走势中可以看到，断头铡刀形成后，该股在 14.00 元价位线上方震荡了一段时间，但未能向上突破，一段时间后再度进入下跌轨道。2020 年 12 月，该股彻底跌破 12.00 元的支撑线，并在后续形成了均线的空头排列，K 线几乎未形成有效反弹。这就说明股价可能进入了新的下跌行情，此时场外投资者切记不可以轻易介入，被套投资者也最好抓紧时间止损出局。

No.04 九阴白骨爪

一图展示

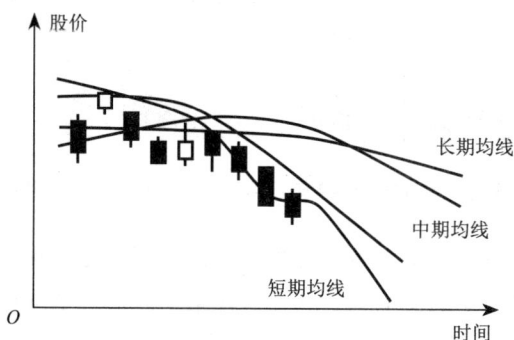

图 5-10　九阴白骨爪示意图

知识精讲

九阴白骨爪形态的形成位置和原理与断头铡刀非常相似，区别在于股价从横盘或小幅震荡转向下跌的过程中，K 线并未以一根大阴线跌穿均线系统，而是以连续的收阴带动均线系统形成死亡交叉后向下发散，形成的形态就如同一只向下延伸的爪子。

这里的死亡交叉指的是时间周期较短的均线向下跌破时间周期更长的

均线，比如5日均线下穿10日均线，或10日均线下穿30日均线形成的交叉都叫死亡交叉。

与断头铡刀一样，九阴白骨爪形态发出的卖出信号强度要根据行情位置来判断，投资者也要结合自己的实际情况进行决策，不要盲目跟风。

应用实例

跨境通（002640）九阴白骨爪形态分析

图5-11所示为跨境通2020年9月到2021年2月的K线图。

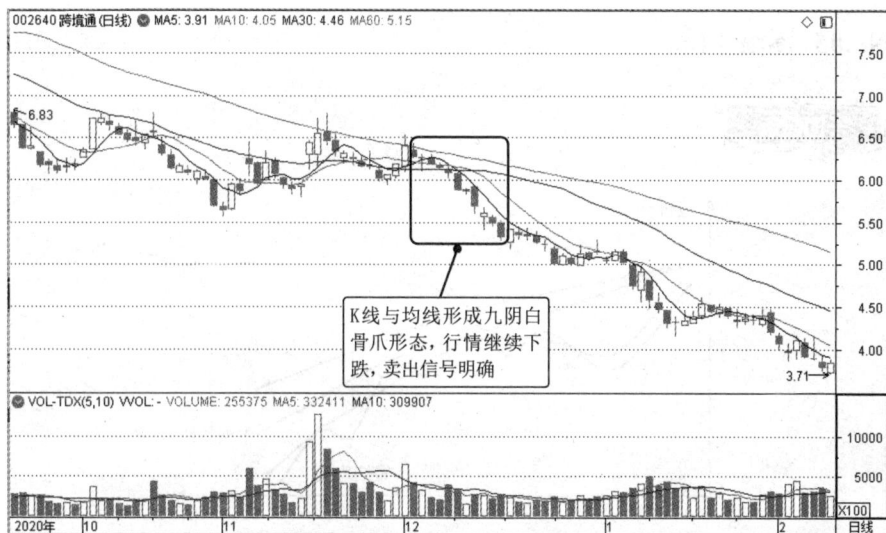

图5-11 跨境通2020年9月到2021年2月的K线图

从跨境通这段时间的走势来看，可以发现60日均线和30日均线长时间覆盖在K线上方，起到了强力的压制作用。这意味着该股正在经历稳定且持续的下跌行情。在2020年9月到10月期间，该股的跌速还不算快，整体在震荡中缓慢向下移动，5日均线和10日均线纠缠在一起，跟随K线运行，30日均线和60日均线则覆盖在上方。

到了11月左右，股价在5.50元价位线上方得到支撑开始反弹，回升到了6.00元价位线以上。但在60日均线处受阻后回落，开始横向运行。此时，

5 日均线、10 日均线、30 日均线和 60 日均线开始聚拢，形成黏合。

12 月初，K 线连续收出多根阴线，很快便跌破了 6.00 元价位线的支撑，并在后续接连下滑。与此同时，5 日均线和 10 日均线率先反应，跟随股价向下转向，已经走平的 30 日均线紧随其后向下弯折，60 日均线则延续了之前的下行趋势，整个均线组合向下发散开来。

很明显，此时的 K 线与均线组合共同形成了九阴白骨爪形态。再结合股价反弹到 60 日均线附近不断受阻下滑的情况，以及前期的弱势走势，基本可以判断后市依旧看跌，那么此处的九阴白骨爪形态发出的卖出信号就更加强烈了，投资者需要及时卖出止损。

No.05 逐浪下降

一图展示

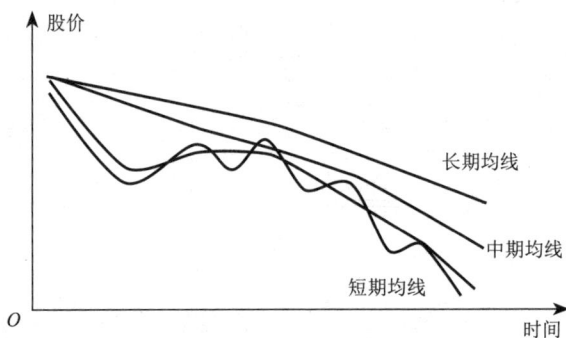

图 5-12　逐浪下降示意图

知识精讲

逐浪下降是一种规律性非常强的持续性形态，它往往形成于下跌行情之中，股价以波浪式的运行方式向下移动，高点和低点都在下移。与此同时，中期均线和长期均线一直覆盖在上方，短期均线则跟随股价的波动而不断形成交叉，整体仿佛海浪一般下降。

一般来说，这种形态的持续时间都比较长，短则数月，长则一年，在上升行情中比较少见，投资者也很少会遇到这种情况。因此，一旦逐浪下降出现，无论此前个股是否有上涨，投资者都可以将其视作下跌行情的开端或是延续，最好尽快卖出。

下面来看一个具体的案例。

应用实例

鲁阳节能（002088）逐浪下降形态分析

图5-13所示为鲁阳节能2018年5月到2019年1月的K线图。

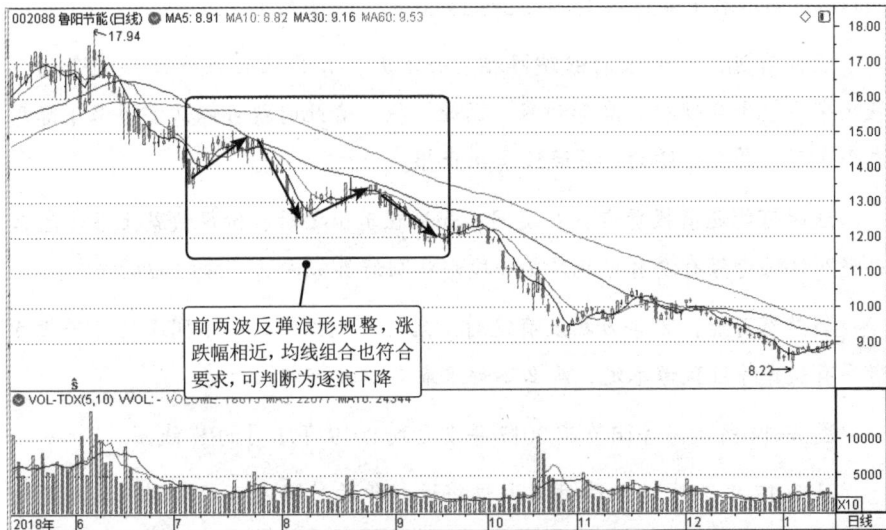

图5-13　鲁阳节能2018年5月到2019年1月的K线图

从鲁阳节能的这段走势中，投资者应该可以很明显地看出逐浪下降的形态，但前提是站在未来的角度回顾历史。如果脱离这样的俯瞰视角，将自己带入当时的场景中，投资者又要如何分辨出逐浪下降形态呢？

其实，只要投资者对形态的结构和状态足够熟悉，就能够在前两浪形成后将其分辨出来，下面就来进行实战操作。首先看2018年5月到6月初期间的走势，可以发现此时的30日均线和60日均线都是向上的，这就说明该股在前期有过上涨，6月初创出的17.94元是一个新高。

在此之后，价格持续下跌，很快便跌穿了均线组合，运行到其下方。同时，均线组合也逐一被扭转向下，对股价形成压制。

7 月初，该股跌至 13.50 元价位线附近后止跌反弹，很快便来到了 15.00 元价位线附近，在此受阻后横盘了一段时间，最终被 30 日均线压制下滑。8 月初，股价跌至 12.00 元价位线上方后止跌再度上扬，来到了 13.50 元附近，但依旧敌不过 30 日均线的压制，转而继续向下运行，一直到达了 11.60 元左右。

此时，逐浪下降的形态已经初现端倪，并且仔细观察就可以发现，该股第一浪上涨是从 13.50 元到 15.00 元，涨幅约 11.11%；第二浪上涨是从 12.00 元到 13.50 元，涨幅 12.50%。此外，第一浪下降是从 15.00 元到 12.00 元，跌幅 20.00%；第二浪下降是从 13.50 元到 11.60 元，跌幅约 14.07%。

由此可见，前两浪的涨跌幅相差并不大，并且从 K 线和均线组合的形状上来看也十分规整，浪形明显。因此，投资者此时就可以认定逐浪下降形态形成了，并在合适的位置迅速卖出止损。

这时可能还有投资者存在疑问，如果在卖出之后股价很快就上涨了怎么办呢？这段走势有没有可能只是一段形状刚好类似逐浪下降的回调呢？

当然有可能，万事万物没有绝对，只有可能性的大小不同而已。若投资者存有疑虑导致犹豫不定，那么不妨来看看该股前期的走势。

图 5-14 所示为鲁阳节能 2017 年 7 月到 2019 年 1 月的 K 线图。

从 2017 年 7 月到 2018 年 6 月这将近一年的时间内可以看到，该股是处于上涨阶段中的。尽管在此期间震荡频繁，上涨走势也并不稳定，但涨幅却是实实在在的，这样看来，2018 年 6 月之后的下跌是上涨行情中的回调的可能性好像更大了。

不过，若投资者将该股从 2017 年 8 月开始上涨的位置，与 2018 年 9 月判断出逐浪下降形态的位置进行对比，可以发现二者几乎相差无几，都在 11.00 元价位线附近。换句话说，该股通过 3 个多月的逐浪下降形态，就几乎将前期长达一年的涨幅消磨殆尽，并且后续还有下跌的趋势。

在这样鲜明的对比下，投资者应该就能明白，此时还将逐浪下降认定为上涨回调的想法无疑是经不起推敲的，毕竟连前期涨幅都要被跌穿了，后市进入下跌的可能性明显更大。

因此，在经过多番思考和判断后，投资者还是要尽早卖出，以免在后续更深的跌幅中被深套。

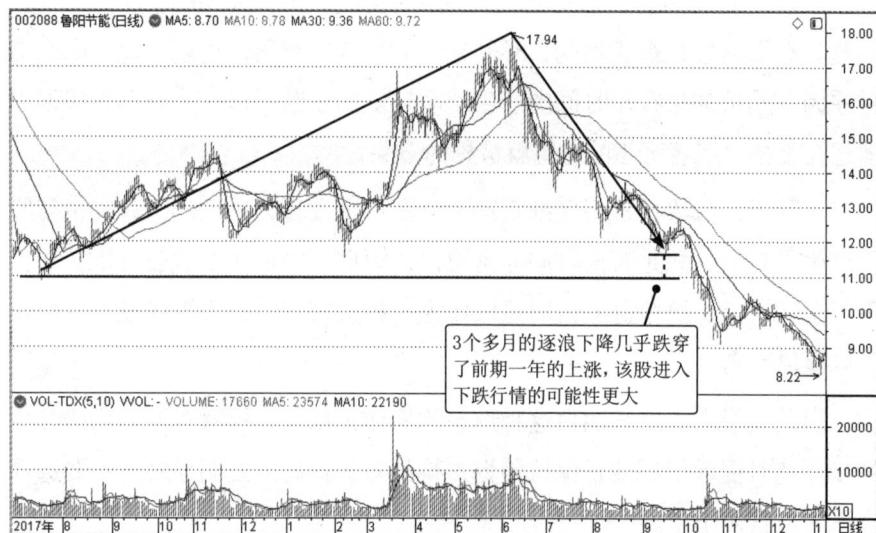

图5-14　鲁阳节能2017年7月到2019年1月的K线图

No.06　多头背离

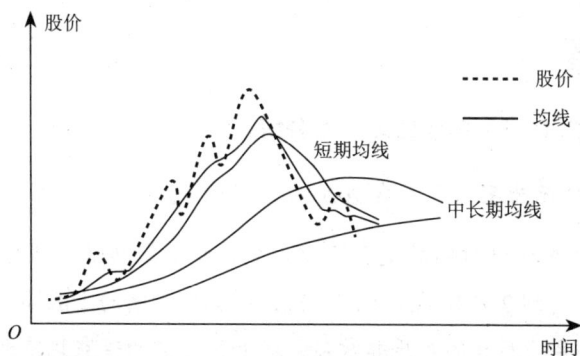

一图展示

图5-15　多头背离示意图

知识精讲

多头背离主要指的是股价从高处滑落后，与还未来得及被扭转的均线（尤其是中长期均线）之间产生的背离。

投资者应该知道，均线是基于不断变动的股价计算出的平均数值线，因此具有滞后性是很正常的，时间越长的均线，滞后性也越明显。出于这种原因，股价如果在短时间内产生速度较快的下跌，那么中长期均线很可能还在上扬，二者产生的背离就被称为多头背离。

实际上，如果投资者仔细观察示意图可以发现，短期均线其实也与股价产生了背离，只是背离时间非常短暂，短期均线很快就被股价扭转同步下行了。不过，这些迹象依旧可以作为一种警告信号，为短线投资者快速出局提供参考。

因此，投资者应该明白这种形态的操作策略了，那就是短期均线产生初步背离时提前出局或是保持警惕，待到多头背离愈发明显时，就要选择合适的位置卖出了。

注意，多头背离出现的位置非常多元化，上涨行情中亦不少见。中长线投资者若坚定认为后市还有上涨空间，那么一直持有也是可以的，只是要注意判断失误后的止损。

下面来看一个具体的案例。

应用实例

深物业 A（000011）多头背离形态分析

图 5-16 所示为深物业 A 在 2020 年 6 月到 12 月的 K 线图。

从深物业 A 这段时间的走势可以看到，该股经历了一段完整的涨跌周期。2020 年 6 月到 7 月期间是上涨阶段，从其短时间的上涨幅度可以发现，场内多方或是主力拉涨的意愿非常强，场外投资者的追涨热情也比较高，这才导致股价在一个多月的时间内从 10.00 元附近冲到了 30.00 元以上。

其实在股价上涨回调的过程中就已经遇到了数次多头背离。只是该股涨势积极，回调幅度不深，时间也不长，因此与中长期均线产生的多头背离杀伤力并不强。短线投资者可以借此进行波段操作，中长线投资者则可以不必理会。

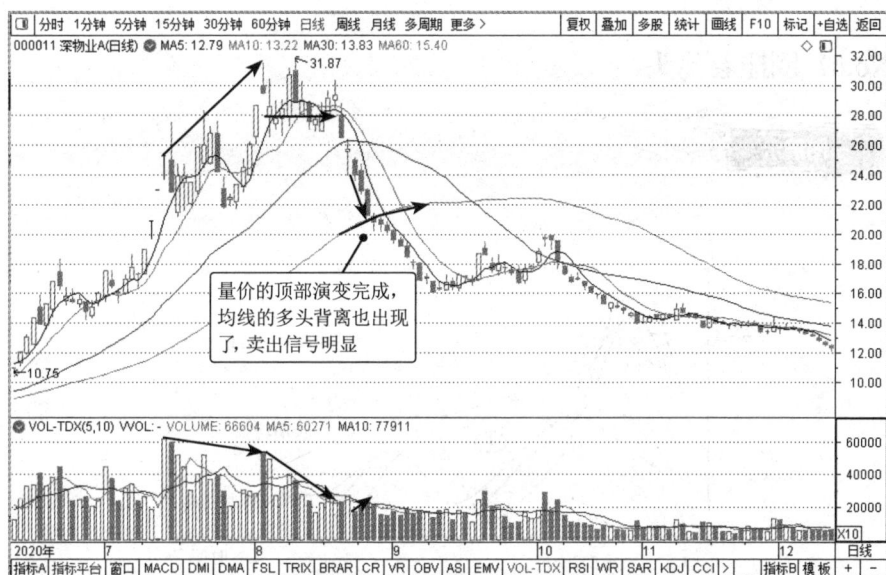

图5-16 深物业A在2020年6月到12月的K线图

7月底，股价上涨至30.00元价位线附近后形成了滞涨。此时观察下方的成交量就可以发现，原来早在7月中旬，量能的峰值就已经出现了，后续价格的再次上冲没能得到成交量足够的支撑，由此形成了量缩价跌向量缩价平的顶部演变。

对前面章节内容印象足够深刻的投资者，应该都记得量缩价涨→量缩价平→量增价跌的顶部演变。那么此时投资者就要保持高度警惕，注意观察股价的变动，预备应对随时可能出现的多头背离。

8月下旬，股价突然快速收阴下跌，数日后就跌到了22.00元价位线以下。由于跌速过快，5日均线和10日均线甚至没来得及与K线产生背离，就被带动向下扭转。30日均线也在形成短暂的背离后就拐头向下，三条均线与K线同步下行，唯有60日均线还在上扬，与股价产生了多头背离。

与此同时，观察成交量也可以发现，就在股价大幅下跌的这几个交易日内，量能出现了小幅放大，形成量增价跌的背离。此时，顶部演变的最后一步已经完成，再结合多头排列的形态，基本上可以判断出后市看跌的信号，因此，投资者就要抓紧时间出局了。

No.07 倒挂老鸭头

一图展示

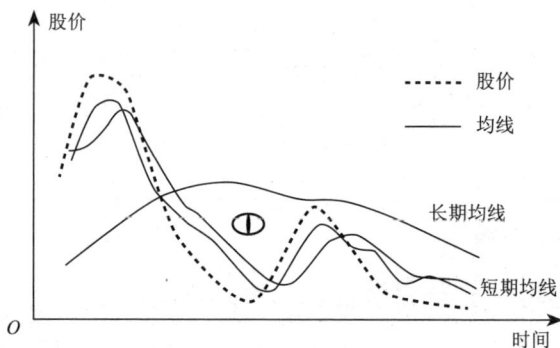

图 5-17　倒挂老鸭头示意图

知识精讲

倒挂老鸭头形态相对复杂，它是由 K 线、两条短期均线以及一条长期均线共同构成的下跌形态。

从其示意图中可以看到，倒挂老鸭头形成于股价见顶下跌的过程中，短时间内跌至某一位置反弹或横盘震荡后靠近长期均线，但还未接触到该均线时 K 线就再度向下，形成一个开口。粗略地来看，倒挂老鸭头的形态很好理解，但其中有许多细节需要投资者注意。

首先，在股价见顶下跌的同时，两条短期均线要形成一个死叉，表示股价进入下跌；随后股价跌破长期均线，跌破的位置被称为鸭颈部；股价止跌回升后，底部的位置是鸭头顶，逐步走平的长期均线则是鸭下巴，同时，K线与长期均线之间的空隙就形成了鸭眼睛；在股价反弹或横盘震荡转变为下跌后，两条短期均线需要再形成一个死叉，并且与长期均线之间留有开口，这个开口就是鸭嘴。

在鸭嘴形成、股价彻底转入下跌后，倒挂老鸭头形态也就成立了。但在此时，股价的跌幅可能已经较深，投资者无论是抢反弹止盈还是顶部被套止损，收益和损失可能都不尽人意。因此，有能力并且决策果断的投资者完全可以在倒挂老鸭头形态构筑过程中就意识到形态的出现，并提前出局。

那么，倒挂老鸭头形态中提前出局的时机有哪些呢？具体有以下三个：

◆ **第一个时机，股价见顶下跌的同时：** 此时投资者完全看不出倒挂老鸭头的雏形，在此卖出全凭经验和判断，适用于谨慎的短线投资者和部分中线投资者。

◆ **第二个时机，股价跌破长期均线的位置：** 此时投资者要认出倒挂老鸭头还有些难度，但完全可以判断出多头背离，在此出局也是有依据的。

◆ **第三个时机，股价反弹的顶部或横盘震荡后期：** 有时候K线到达相对高位时会产生滞涨迹象，比如量缩价涨、量缩价平等形态，这些就是警示信号。并且到了此时，投资者应该能意识到倒挂老鸭头出现了，那么在反弹顶部及时卖出，也能保住一定的收益。

下面来看一个具体的案例。

应用实例

中成股份（000151）倒挂老鸭头形态分析

图5-18所示为中成股份2019年2月到8月的K线图。

通过查看中成股份2019年2月到8月的走势图，可以发现在2019年3月到4月初期间，该股还维持着波动式的上涨，60日均线在下方较远的位置向上运行，说明股价短时间内涨幅可观，与长期均线产生了较大的偏离。

　　此时若观察成交量，也很难看出股价有见顶的端倪。在价格产生波动的同时，成交量量能几乎都配合形成了缩放，既没有动能不足的表现，也没有产生明显的背离现象，投资者只能借助均线来进行分析。

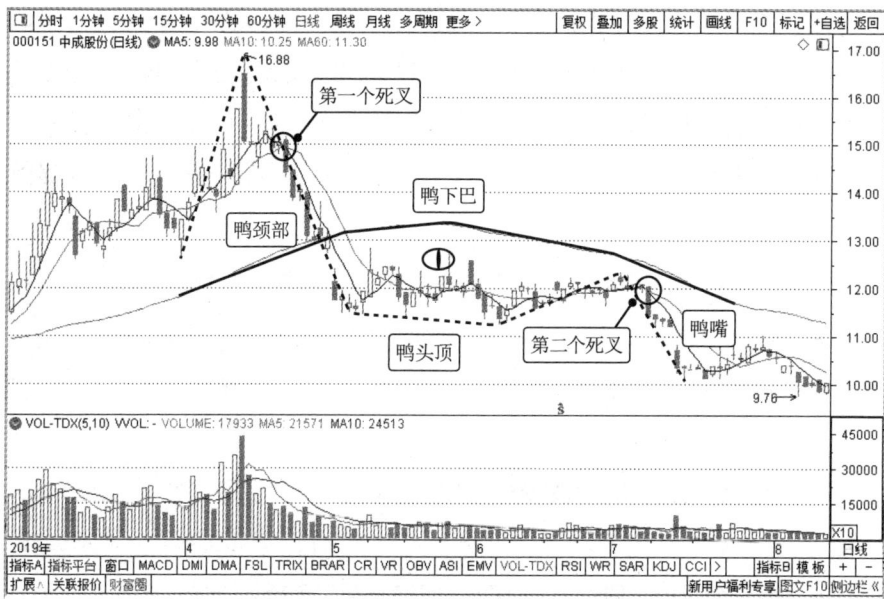

图 5-18　中成股份 2019 年 2 月到 8 月的 K 线图

　　继续来看后面的走势。4 月上旬，该股凭借大幅高开向上越过了 16.00元价位线，当日创出 16.88 元的新高后迅速低走，最终收出一根跌幅达到4.38% 的大阴线，底部已经接触到了 15.00 元价位线。

　　如果投资者仔细观察，再结合前面学习的内容可以发现，这根大阴线与前面的一根大阳线结合，形成了形似乌云盖顶的形态。尽管阴线实体并未深入阳线实体一半以上，形态并不标准，但两根 K 线的实体都非常长，再加上出现在股价的高位，因此还是具有一定可信度的。

　　再来看后面的走势。该股跌至 15.00 元价位线附近后形成了短时间的横盘，随后快速收阴下滑。5 日均线和 10 日均线立刻向下转向，形成死叉后覆盖在 K 线上。与此同时，下降的 K 线也与 60 日均线形成了明显的多头背离，结合此前出现的近似乌云盖顶的形态，此处见顶的信号较强，发现危险的投资者就可以先行卖出了。

4月底，股价向下彻底跌破了60日均线，又一个卖点出现。数日后，该股在11.50元价位线附近止跌横盘，开始围绕12.00元价位线进行震荡。60日均线受到影响开始逐渐走平，并有向下转向的迹象。

此时，鸭颈部、鸭头顶、鸭下巴和鸭眼睛都已经形成，倒挂老鸭头的形态开始清晰起来。还未离场的投资者如果发现了倒挂老鸭头的形态正在构筑，那么就可以在横盘整理期间选择合适的高点卖出，激进的投资者也可以等待一段时间，看后市会不会出现反弹。

7月初，该股在小幅上涨至12.00元价位线上方后，由于成交量没有提供更强劲的推动力，价格只能再次下跌，很快便落到了11.00元以下，带动两条短期均线形成死叉后持续下行，开启了又一波下跌。

到了这时，最后一步的鸭嘴也形成了，将整段走势缩小来看，倒挂老鸭头的形态十分清晰，其发出的卖出信号更明朗。因此，还留在场内的被套投资者或是失误买进的短线投资者，此时都要抓紧时间出局。

三、葛兰威尔法则与K线的组合卖点

葛兰威尔法则的全称为葛兰威尔八大买卖法则，是由均线的发明者葛兰威尔总结出的均线与K线结合的八大买卖点，具体如图5-19所示。

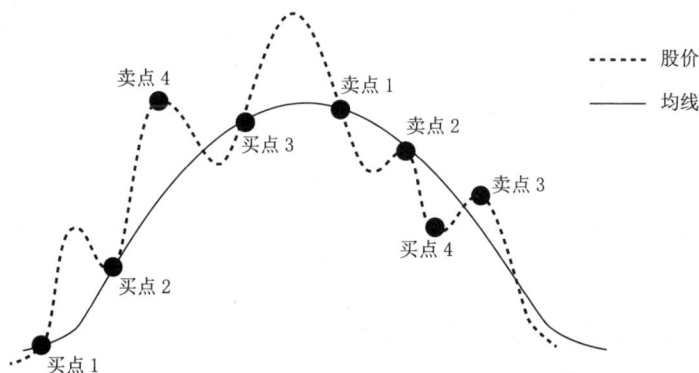

图5-19 葛兰威尔法则买卖点示意图

从示意图中可以看到，葛兰威尔买卖法则将个股的一整段涨跌周期与一条周期合适的均线结合起来，标注出了其中存在的八个买卖点。其中的卖点大部分都分布在下跌行情中，唯有卖点 4 存在于上涨行情中。

由此可见，这四个卖点的信号强度都有所不同，下面就针对这四个卖点进行详细的解析。

No.08 卖点 1：死亡交叉

一图展示

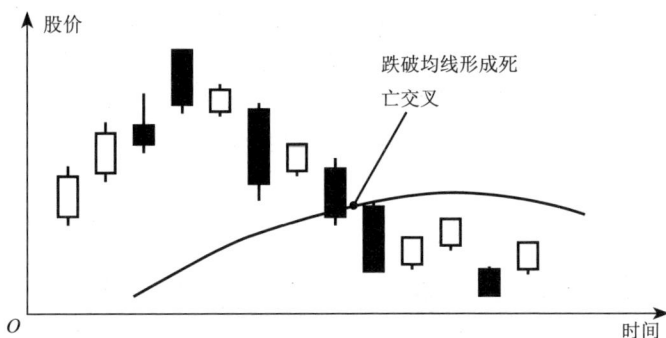

图 5-20　卖点 1：死亡交叉示意图

知识精讲

从图 5-19 和图 5-20 中就可以看到，葛兰威尔买卖法则中的卖点 1 是股价从顶部滑落后，跌破均线的位置。

这里对均线周期的选择比较自由，为契合大部分投资者的需求，本节就选取 30 日均线来当作研判依据。注意，在使用葛兰威尔法则时最好不要叠加多条均线，以免出现重叠信号和背离信号影响判断。

这个卖点比较好判断，也是行情转入下跌的标志之一，投资者如果判断出股价有转势迹象，结合卖点 1 就可以迅速出局。

![应用实例]

深南电Ａ（000037）卖点1：死亡交叉

图 5-21 所示为深南电Ａ在 2020 年 6 月到 12 月的Ｋ线图。

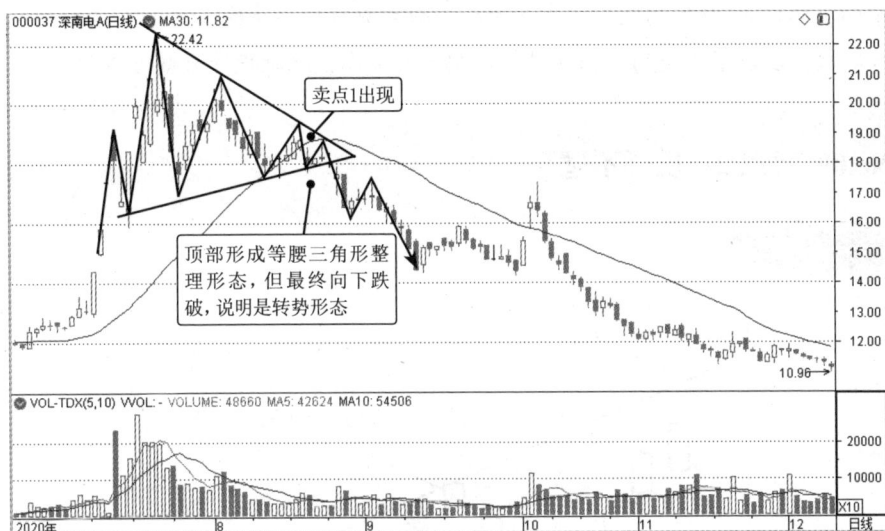

图 5-21 深南电Ａ在 2020 年 6 月到 12 月的Ｋ线图

先来观察深南电Ａ在 2020 年 7 月中旬之前的走势，可以发现在短短半个月的时间内，该股就从 12.00 元价位线附近一路冲到了 19.00 元价位线上。股价在此暂停涨势，回落整理数日后再度以依旧强势的速度上冲，很快便创下了 22.42 元的新高。与此同时，30 日均线也维持着陡峭的上扬角度，并且与Ｋ线形成了较大的偏离。

在此之后，该股再没有形成更高的量能峰值，因此也无法为股价提供更充足的推动力。在这种情况下，该股在后续多次上冲，但伴随着量能的缩减，Ｋ线的高点逐步下移，向下靠近了 30 日均线。

在此期间，股价的低点也在上移，若将高点与高点、低点与低点相连，可以绘制出等腰三角形形态。前面介绍过等腰三角形整理形态，这是行情中的一种中继形态。

但还有一种特殊情况没有提到，那就是当等腰三角形整理形态形成于顶

部或底部，并向反方向突破时，就会变成转势形态。因此，深南电A在高位
形成的等腰三角形整理形态，既可能是中继形态，也可能是转势形态，投资
者还需继续观察。

8 月上旬，该股在震荡中靠近了 30 日均线。8 月中旬，股价在震荡过程
中向下越过了 30 日均线，卖点 1 出现。随后数日内，等腰三角形整理形态也
被跌破，发出了双重的卖出信号，证明行情转向，此时投资者就可以卖出了。

No.09 卖点 2：反弹不过

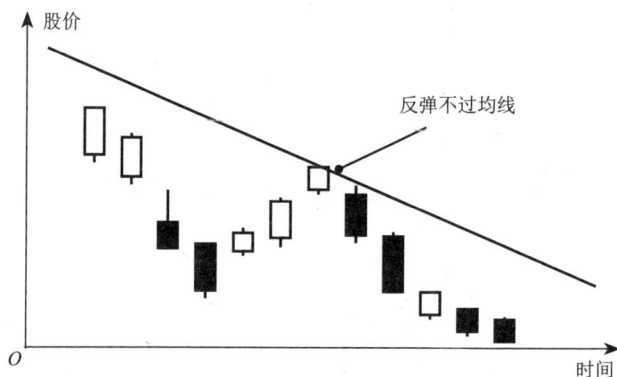

一图展示

图 5-22　卖点 2：反弹不过示意图

知识精讲

葛兰威尔法则中的卖点 2 位于下跌过程中，30 日均线已经彻底完成了
向下的转向，运行于 K 线上方。当某一时刻股价止跌企稳后形成反弹，但
在靠近 30 日均线后受阻回落时，就形成了卖点 2。

由此可见，卖点 2 形成时多方意图拉升，但均线的压制力较强，这
才导致股价突破失败，转而回到下跌轨道。因此，投资者可以借助卖点 2
完成抢反弹的兑利及被套筹码的止损。

下面来看一个具体的案例。

格力地产（600185）卖点 2：反弹不过

图 5-23 所示为格力地产 2020 年 6 月到 12 月的 K 线图。

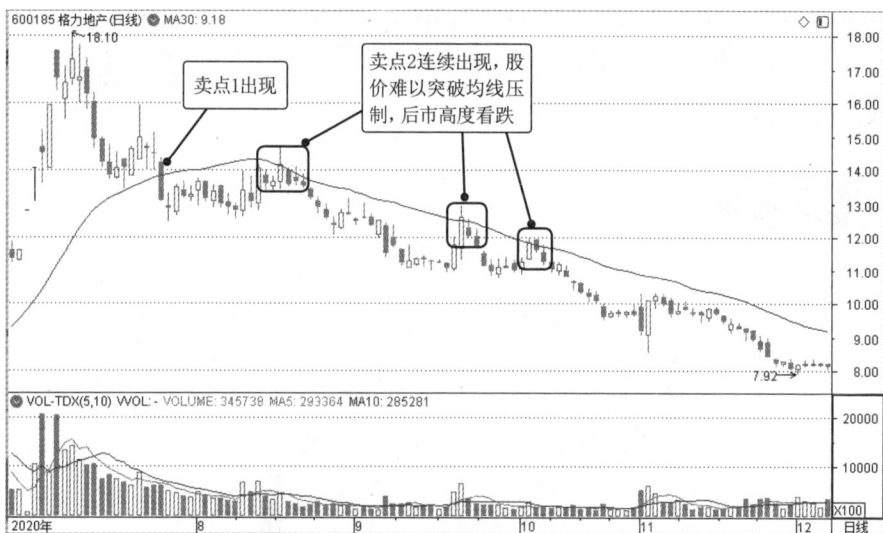

图 5-23 格力地产 2020 年 6 月到 12 月的 K 线图

K 线图中展示的是格力地产上涨行情见顶后的走势，从 30 日均线的状态和 K 线的走势可以看到，在 2020 年 7 月初之前，该股还在进行着急速的上涨，甚至收出了连续的涨停，证明主力拉升的积极性较高。

不过，股价前期如果上涨得越迅猛，那么后期转入下跌后的跌势也可能比较持续，投资者要特别注意及时止盈。

7 月初，股价冲上了 18.00 元价位线，在创出 18.10 元的新高后迅速拐头下跌。而在此之前，成交量已经出现了推涨动能不足的情况，提前发出了警告信号。再结合此时股价的快速收阴下跌，投资者基本可以判断，该股后续可能即将进入大幅回调或是直接转入下跌之中。

7 月底，该股在 14.00 元价位线附近徘徊一段时间后，最终还是向下跌穿了 30 日均线,形成卖点 1。此时,谨慎的投资者可以提前卖出了。在此之后,该股在 13.00 元价位线附近止跌后开始小幅反弹,但伴随着 30 日均线的走平,股价反弹的高点很快触及均线,突破失败后向下跌落,形成第一个卖点 2,为被套投资者留下了出局机会。

在后续的走势中,30 日均线彻底转向下方,对 K 线形成了强力压制。股价多次形成反弹,但没有一次成功突破到均线上方,多个卖点 2 形成,说明该股的跌势大概率会持续一段时间,投资者要注意及时止损。

No.10 卖点 3:小幅突破

一图展示

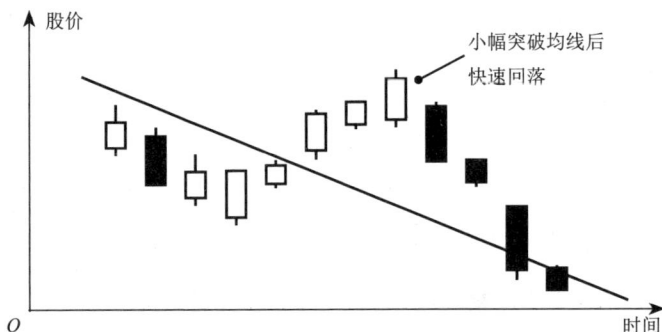

图 5-24 卖点 3:小幅突破示意图

知识精讲

卖点 3 的位置也是反弹的顶部,但与难以突破的卖点 2 不同,卖点 3 形成时,股价成功突破了 30 日均线的压制,来到了其上方,尽管最终还是拐头下跌了,但反弹幅度通常要比卖点 2 大一些。

一般来说,卖点 2 与卖点 3 是交错出现的,并没有明显的先后之分。比如股价在见顶下跌后,形成的第一个反弹可能会直接突破均线的压制,来到与前期高点相近,但没有超越前期高点的位置,先形成卖点 3。对于投资者来说，这两个卖点的操作策略都是一样的。

下面来看一个具体的案例。

应用实例

诺禾致源（688315）卖点3：小幅突破

图 5-25 所示为诺禾致源 2021 年 7 月到 2022 年 4 月的 K 线图。

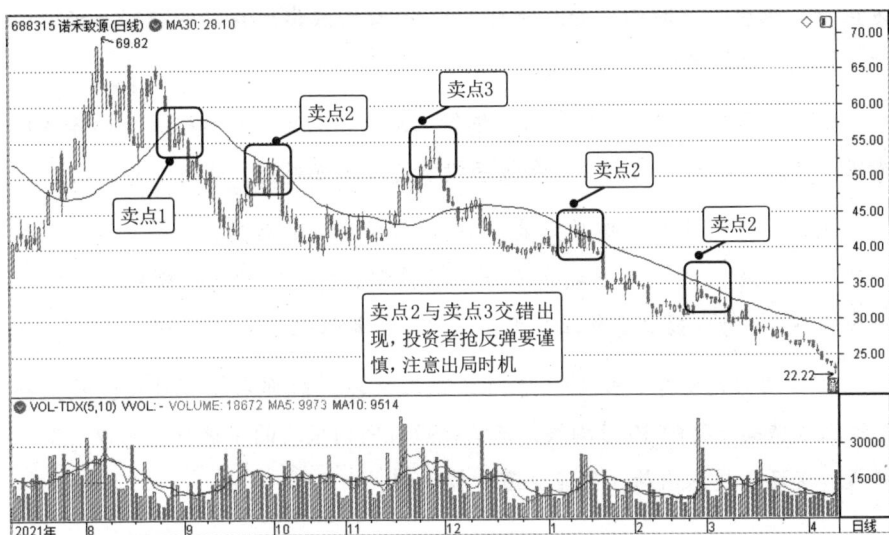

图 5-25 诺禾致源 2021 年 7 月到 2022 年 4 月的 K 线图

从诺禾致源在 2021 年 7 月到 9 月的走势来看，该股可能在此期间经历了一次涨跌趋势的转变，这一点从 30 日均线的扭转也可以看出。那么，如果投资者在前期上涨过程中已经建仓，就要在股价转向下跌之后注意分辨卖点，以止盈或止损。

先来看最先出现的卖点，在 2021 年 8 月初，该股创出 69.82 元的新高后冲高回落，跌至 30 日均线处得到支撑反弹，但反弹高点未越过前期，在 65.00 元价位线附近受阻后下跌，很快于 8 月底跌破了 30 日均线，形成了卖点 1，发出转势信号。

在此之后，该股小幅回抽并确认上方压力后继续下滑，于 9 月中旬来到了 40.00 元价位线上方。股价在此止跌企稳后再度反弹，但 30 日均线的压制力较强，股价在其附近横盘数日后最终下滑，未能实现突破，此处形成了一个卖点 2，向投资者警示未来的弱势走势。

10 月中旬，股价下滑至 40.00 元价位线上横盘震荡，被动等待着 30 日均线的靠近。在 30 日均线与 K 线接触以后，该股出现了多方反攻的趋势，并成功于 11 月中旬向上突破，来到了 30 日均线以上。

从后续的走势可以看到，该股此次并非短暂突破，而是在 30 日均线上方运行了较长一段时间，并且还有带动 30 日均线出现转向的趋势，证明此次反弹幅度比较可观。

但此时行情依旧在下跌，该股继续上涨创出新高的难度较大，后市依旧看跌。因此，抢反弹的投资者和被套投资者要加强观察，随时准备出局。

果然，11 月下旬，该股突破 55.00 元价位线失败后拐头下跌，开启了又一轮下跌，30 日均线也逐渐走平并向下转向。那么，此次反弹的高点就是一个卖点 3，场内投资者要注意卖出时机，尽量保住收益。

在后续的走势中，该股又进行了数次反弹，但都未能有效突破覆盖在 K 线上方持续下行的 30 日均线，证明在短时间内该股的下跌行情难以改变，若投资者还不愿意出局，可能会遭受较大损失。

No.11 卖点 4：乖离过大

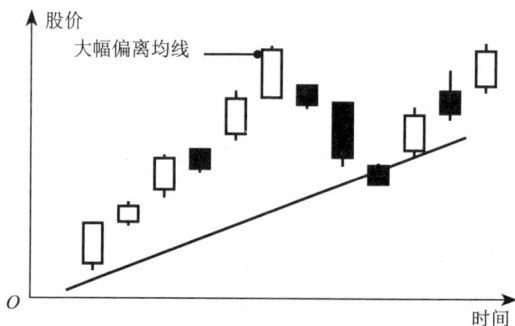

一图展示

图 5-26 卖点 4：乖离过大示意图

知识精讲

卖点4是葛兰威尔买卖法则中唯一一个形成于上涨行情中的卖点，它也被称为乖离过大。这里的乖离指的是股价在短时间内产生快速上涨后，K线与均线形成的偏离。

二者的偏离越大，市场的上冲动能越弱，那么股价转势回调的可能性就越大，在获利盘大批量出货的抛压限制下，股价短时间内的跌速也可能很快。因此，乖离过大的高点才会被划分到卖点之中。

对于短线投资者来说，卖点4无疑是一个明确的出货点。而对于中长线投资者来说，依旧可以将其当作参考卖点，以避开后市可能的大幅下跌，毕竟谁也不知道股价这一波回调会不会转变为彻底的下跌。

下面来看一个具体的案例。

应用实例

双环科技（000707）卖点4：乖离过大

图 5-27 所示为双环科技 2021 年 12 月到 2022 年 7 月的 K 线图。

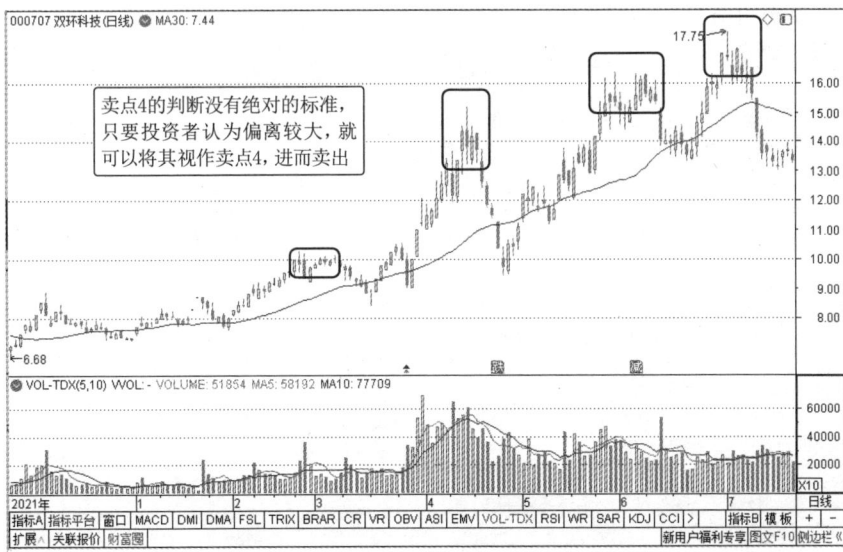

图 5-27　双环科技 2021 年 12 月到 2022 年 7 月的 K 线图

从双环科技的这段走势来看，该股正处于积极稳定的上涨过程中，但身处其间的投资者不会有如此确定的判断。因此，持股投资者在看似持续的上涨行情中也要谨慎行事。

在 2021 年 12 月到 2022 年 1 月期间，该股突破到 30 日均线以上后，围绕 8.00 元价位线形成缓慢上涨。直到进入 2 月之后，该股才开启了一波速度较快的拉升，股价一路从 8.00 元价位线附近上涨至 10.00 元价位线左右滞涨，股价向上与 30 日均线拉开了一定距离。此时，谨慎的投资者可将其视作卖点 4，借此抛售持股。

从后续的走势可以看到，该股很快拐头下跌，跌至 30 日均线附近后回升，开启了又一轮上涨。此次的上涨速度明显更快，在 4 月中旬，股价便冲到了 15.00 元左右，与 30 日均线的乖离较大，一个信号更强烈的卖点 4 形成。因此，在股价滞涨的同时，投资者就要迅速出局，保住收益。

在此之后，该股迅速下跌，几乎跌到了前期低点附近才止跌企稳，再度上扬，证明了 K 线与均线乖离过大的杀伤力。在后期的走势中，该股多次形成类似的走势，重复上涨、回调的变化，形成了多个卖点 4。

短线投资者可借此进行波段操作；中长线投资者则要根据自身的情况决策，可以不必如短线投资者一般频繁操作，但在遇到如 4 月中旬的卖点 4 时，还是以卖出为佳。

第六章

常用指标辅助K线形态做空

　　除了之前介绍的趋势性指标之外，在技术分析中还会借助其他多种多样的技术指标，这样才能帮助投资者从各方角度考虑当前判断是否准确。比较常用的就有KDJ指标、MACD指标和布林指标，本章就将针对这三个指标的常见用法与K线结合进行介绍。

一、KDJ 指标与 K 线的双重卖出信号

KDJ 指标也叫随机指标，是一种用于观察当前价格是否脱离正常价格波动范围程度的摆动类指标。这里的正常价格波动范围主要指的是指标的中间摆动区域，也就是 20 ～ 80，除此之外，20 线以下为超卖区，80 线以上则为超买区。

从 KDJ 指标摆动区域的名称可以看出，当指标线运行至超卖区以内时，说明市场卖盘短时间内过于活跃，股价有超跌反弹的可能；反之，当指标线来到超买区以内，就是买盘追涨过度的表现，股价可能面临着触顶回落的风险。因此，投资者要学会借助这一点分辨市场趋势的变化。

再说回 KDJ 指标本身，它主要由三条线构成，分别是 K 线、D 线和 J 线。这三条线的运行状态和交叉形态，能够为投资者提供丰富的信息，若将其与 K 线结合起来，将起到非常好的研判效果。

No.01 KDJ 低位钝化+K 线下行

一图展示

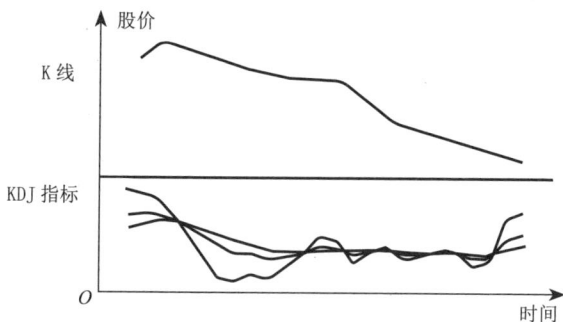

图 6-1　KDJ 低位钝化+K 线下行示意图

知识精讲

指标线的钝化是 KDJ 指标的特征之一，主要分为高位钝化和低位钝化，

具体表现为三条指标线在狭窄的范围内频繁波动，形成密集的买卖信号，短时间内失去参考价值。

指标钝化形成的原因在于股价在一段时间内沿着向上或向下的趋势持续不断地小幅运行或波动，且没有出现明显的方向性变化。简单来说，当股价持续上行时，KDJ 指标可能会形成高位钝化；反之，KDJ 指标就可能形成低位钝化。

注意，并不是每一次股价产生这种运行状态时，KDJ 指标都会形成钝化，这涉及复杂的指标计算。因此，K 线与 KDJ 指标钝化的结合使用方法就很明确了，那就是当 K 线保持弱势下行趋势，KDJ 指标又形成低位钝化时，股价短时间内的跌势确定，投资者就要择机出局了。

下面来看一个具体的案例。

应用实例

奥联电子（300585）KDJ 低位钝化同时 K 线下行

图 6-2 所示为奥联电子 2019 年 7 月到 12 月的 K 线图。

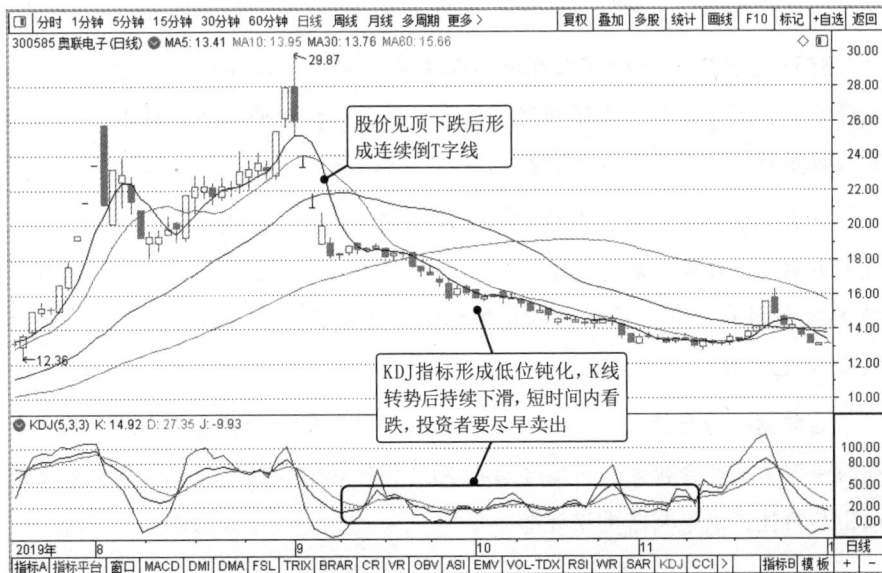

图 6-2 奥联电子 2019 年 7 月到 12 月的 K 线图

一般来说，KDJ 指标低位钝化的位置都在 20 线附近，极端一些的会跌落到 20 线以下。在图 6-2 所示的奥联电子的这段走势中，投资者应该可以比较轻易地发现 KDJ 指标低位钝化的位置，就是在 9 月中旬到 11 月上旬这段时间内。

在此阶段仔细观察 KDJ 指标的表现，可以发现自从 3 条指标线下滑至 20 线附近后，就长时间被限制在 0 线到 50 线的范围内窄幅震荡，整体呈现出横向移动的状态，这就是低位钝化的标志。

与此同时来看 K 线的变化，在 KDJ 指标低位钝化期间，该股正处于缓慢下滑的过程中，并且下跌走势比较稳定，期间没有出现明显的波动。伴随着 KDJ 指标的钝化，K 线也在持续下行。

如果单纯观察 KDJ 指标钝化期间的走势，投资者难以决策是否应该及时卖出的话，那么就可以结合前期走势来分析。

先来看 7 月股价的变化，可以发现从 7 月中旬开始，该股就已经呈现出了积极的上涨趋势。均线形成多头排列的同时，K 线连续收出涨停，一路冲到了 26.00 元价位线附近才止涨回调。

在后续的走势中，该股很快在 18.00 元价位线附近止跌企稳，随后再次上冲，这一次直接将价格拉升到了最高 29.87 元。

仔细观察 KDJ 指标可以发现，在最后一波拉升过程中，由于股价上涨趋势稳定，KDJ 指标形成了短时间的高位钝化。这说明主力和场内多方看涨积极性很高，许多投资者也会在此期间建仓追涨。

就在创新高的当日，股价形成了冲高回落走势，K 线收出一根带长上影线的大阴线，在此之后更是接连两天形成倒 T 字线，短时间内价格就跌到了 22.00 元价位线以下。同时，KDJ 指标结束高位钝化，并迅速向下转向，跟随股价跌至 20 线以下。

这就意味着行情大概率已经进入下跌，即便后市还有上涨空间，此次面临的回调幅度也会较大。再结合后期 KDJ 指标的低位钝化现象，投资者还是以出局为佳，以免判断失误被套。

No.02　KDJ 顶背离 + 股价缩量上涨

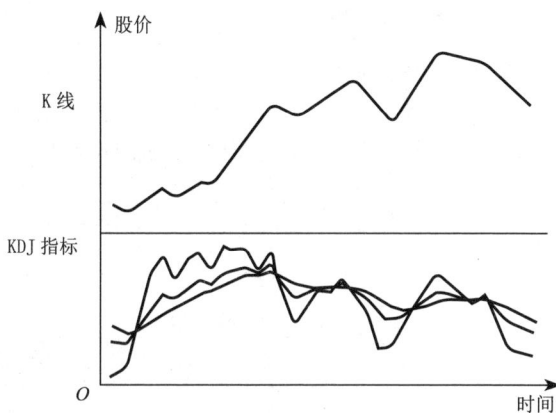

一图展示

图 6-3　KDJ 顶背离示意图

知识精讲

K 线缩量上涨投资者应该比较熟悉了，这里重点要介绍的是 KDJ 指标的顶背离现象。

KDJ 指标的顶背离只会出现在阶段高位或是行情高位，背离的对象就是 K 线。从其示意图中也可以看到，在接近高位时，股价还在一波一波向上攀升，高点明显上移，但 KDJ 指标的高点却形成了下移走势，二者产生了运行方向的背离。

由此可以看出，KDJ 指标的顶背离其实是一种预先警告信号，形成于股价下跌之前，量缩价涨也是一样的。因此，二者的结合能够有效加强卖出信号的可靠性，帮助投资者寻找到尽量准确的卖点。

下面来看一个具体的案例。

拓展知识 *设置多指标窗口更方便*

由于需要同时观察成交量和 KDJ 指标，下面的案例就会同时在 K 线图下方叠加两个技术指标窗口。投资者如果有需要，也可以像以下案例一样设置，更方便观察同一段时间内两个指标的变化情况。

具体设置方式有两种，先来介绍第一种。将光标移动到 K 线图下方的指标窗口中并右击，在弹出的快捷菜单中选择"指标窗口个数"命令，选择"3 个窗口"选项，就可以调出一个 K 线窗口和两个指标窗口了，如图 6-4 所示。

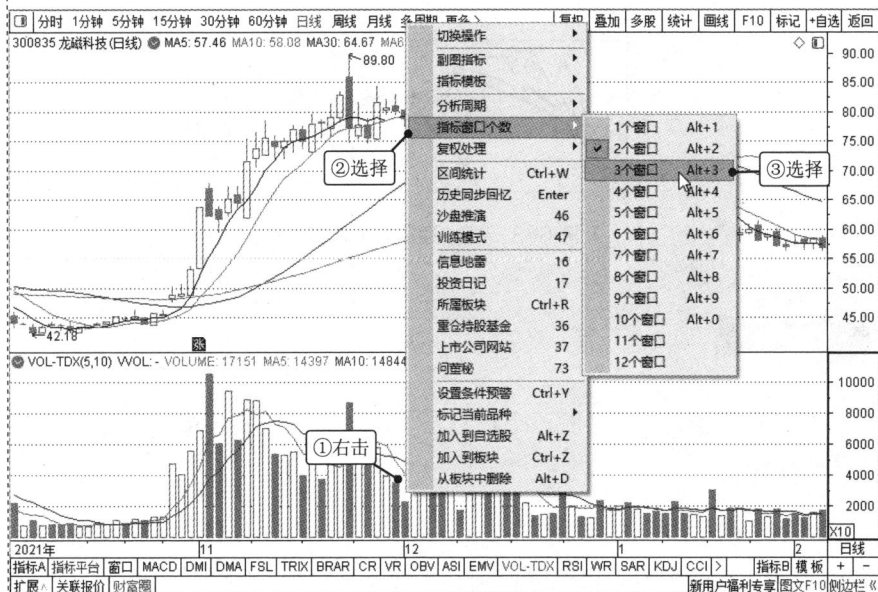

图 6-4　两个指标窗口的设置

随后，投资者只要单击指标窗口，在下方的指标栏中选择对应的指标即可，成交量对应的指标叫作"VOL-TDX"，KDJ 指标对应的就是"KDJ"。

第二种方式就更为简便了，投资者只需在 K 线图界面中按【Alt+3】快捷键，就可以快速调出两个指标窗口，其后的操作是一致的。

不过需要注意的是，不同的炒股软件对应的快捷键功能可能有差异，如果要使用快捷键调用指标窗口，就要先确定快捷键是否对应，再进行操作。

龙磁科技（300835）KDJ顶背离同时股价缩量上涨

图6-5所示为龙磁科技2021年10月到2022年2月的K线图。

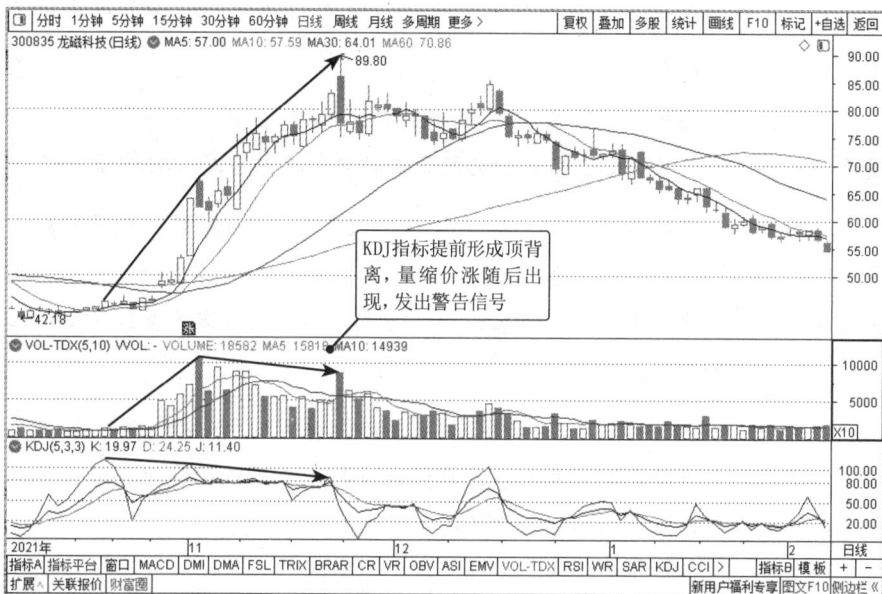

图6-5　龙磁科技2021年10月到2022年2月的K线图

单从龙磁科技这段时间的走势来看，可以看出这是涨跌趋势正在转变的过程，先来看看前期上涨的阶段。

在2021年10月期间，该股还在45.00元价位线以下的相对低位运行，尽管形成了上涨趋势，但涨速较慢，涨幅也不尽如人意。但就在这看似貌不惊人的爬升阶段中，KDJ指标却出现了不同寻常的快速上升，这就说明有大量买盘在入场。此时投资者可能就会疑惑了，明明股价没有出现多么激烈的上涨，为什么还有这么多人跟风买进？

其实可以换一种思考角度，如果这种现象不是散户造成的，而是主力为了预备拉升，大量买进筹码导致的呢？这么一想，KDJ指标的反常就能够解释了，那么后续股价可能会出现拉升，此处是建仓的机会。

果然，不久之后该股就开启了一轮急速的拉升。短时间内就将价格抬升到了 70.00 元价位线以上，随后涨速减缓，但依旧在向上运行。

此时观察 KDJ 指标和成交量可以发现，在股价不断创新高的同时，KDJ 指标再也没能形成更高的点，反而是在逐步向下移动，与股价形成了顶背离。成交量倒是在前期形成了量增价涨的配合，但在 11 月之后，量能也出现了缩减，形成量缩价涨的背离。

此时，KDJ 指标的顶背离和量缩价涨都已经出现，共同向投资者发出了股价即将见顶的信号。那么，谨慎的投资者就可以提前出局，将收益兑现。

从后续的走势也可以看到，11 月下旬，该股在 89.80 元的位置见顶后下滑到 80.00 元价位线附近横盘。同时，成交量和 KDJ 指标都在向下移动，股价再度上涨的难度较大，后市不容乐观，还未离场的投资者要在股价彻底转向下跌之前出局止盈。

在 12 月中旬之后，该股在一波小幅反弹后迅速下行，很快跌到了 75.00 元以下，随后稳定下行。KDJ 指标在此期间还逐渐形成了低位钝化，进一步加强了下跌信号，还未离场的投资者不能犹豫了。

二、MACD 指标与 K 线的结合用法

MACD 指标也叫平滑异同移动平均线，从其名称就可以看出，它与移动平均线有一定的渊源。

确实，MACD 指标在计算时也植入了"移动平均"的概念，这一点与均线如出一辙。它的使用方式与均线也比较类似，但由于 MACD 指标具有零轴和柱状线这两个要素，因此它也具有一些独特的应用方式，比如高位死叉、柱状线的反转等。

K 线与 MACD 指标的结合，主要就体现在 MACD 指标卖出信号形成时，K 线是否产生了相应的变化，两相印证进而得出看跌结论。

No.03 MACD 高位死叉+K 线转向

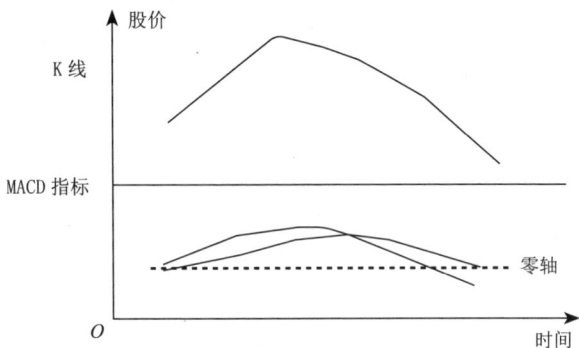

图 6-6　MACD 高位死叉+K 线转向示意图

在 MACD 指标中存在一条零轴，它是划分市场多空方向的参考分界线。当 MACD 指标运行于其上方时，说明当前市场多方占优，买盘更为积极，股价上涨概率大；反之，当 MACD 指标运行于零轴以下时，场内卖盘就在增多，股价已经处于下跌，或有下跌的风险。

MACD 指标的高位死叉就是形成于零轴上方较高位置的，由快线 DIF 自上而下穿过慢线 DEA 构成的死叉。高位死叉的出现意味着股价前期已经经历了一波上涨，带动 MACD 指标来到了高位，直到某一时刻价格见顶后转向下跌，MACD 指标才会在高位形成死亡交叉。

因此，当投资者发现股价涨势将尽，MACD 指标跟随运行到了高位，并出现上扬角度变缓的趋势时，就要警惕高位死叉的出现。谨慎的投资者完全有机会在股价下跌之前就卖出，惜售的投资者在发现死叉形成后也要抓紧时间卖出。

下面来看一个具体的案例。

应用实例

易华录（300212）MACD 高位死叉结合 K 线转向分析

图 6-7 所示为易华录 2020 年 4 月到 11 月的 K 线图。

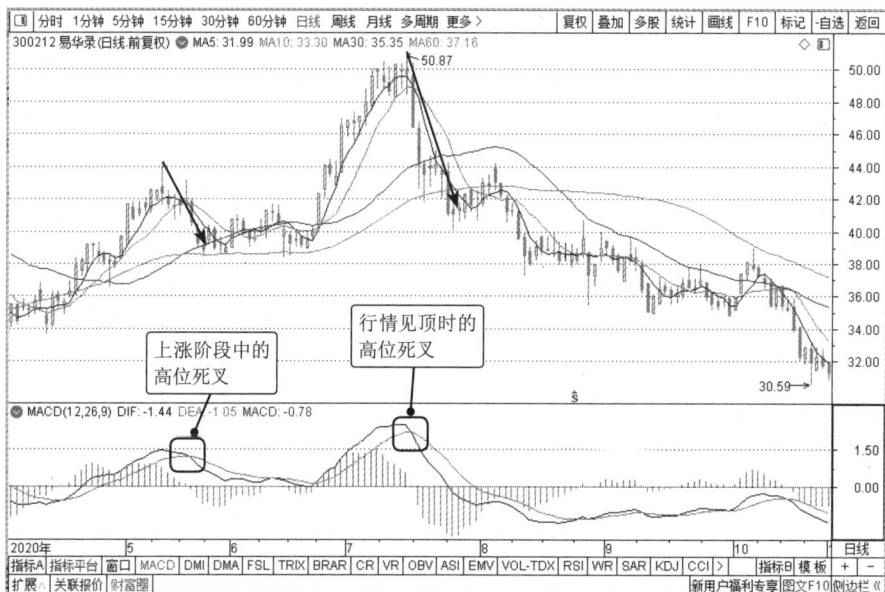

图 6-7　易华录 2020 年 4 月到 11 月的 K 线图

从易华录这一段完整的涨跌周期中可以看到，MACD 指标与 K 线的贴合度还是比较高的。在此期间，MACD 指标的高位死叉出现了两次，一次是在上涨过程中的阶段高位，另一次是在行情转势的顶部。

先来看阶段顶部的 MACD 指标高位死叉。在 4 月期间，股价涨势比较积极，带动 MACD 指标自下而上突破零轴，来到了多头市场中，场内看多情绪占据上风。

但好景不长，进入 5 月后不久，该股就在 42.00 元价位线附近受阻，K 线收出一根冲高回落的阴线后拐头下跌。同时，MACD 指标线开始从走平转向下滑，形成了一个高位死叉，与股价的下跌互相印证，代表后市可能将进入回调或下跌之中，投资者可根据情况决策是否卖出。

显然，该股还有一定的上涨空间，MACD 指标在跌至零轴附近后就止跌横行，股价也在 60 日均线的支撑下横盘整理，等待下一波拉升。

6 月底，股价再次上涨，在短时间内急速上冲至 50.00 元附近，但随后难以突破，在此出现了滞涨。

与此同时，MACD 指标跟随运行到高位后也开始逐渐走平，意味着多方推动力不足，该股后市可能难有佳绩，谨慎的投资者就可以趁此机会先行卖出，兑现收益。

7 月中旬，该股在反复尝试后突破失败，直接以连续的收阴跌破了 48.00 元价位线，开始了快速的下跌。MACD 指标也在同一时刻形成了比上一次位置更高的死叉，卖出信号也更为强烈，此时惜售的投资者也要择机卖出了。

No.04 MACD 柱状线变化+K 线滞涨或下滑

一图展示

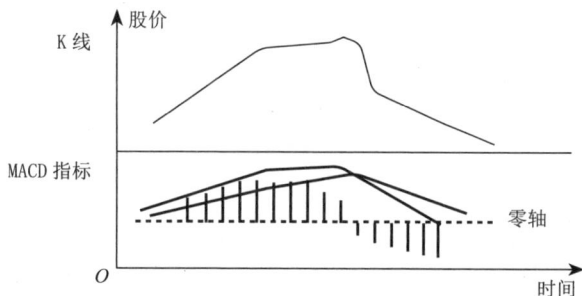

图 6-8 MACD 柱状线变化 +K 线滞涨或下滑示意图

知识精讲

MACD 指标的柱状线也是关键的研判依据之一，当其在零轴上方不断向上拉长时，证明 DIF 线在向上远离 DEA 线，市场涨势积极；反之，当其出现缩减时，就证明 DIF 线有向下靠近 DEA 线并跌破的趋势。

当其在零轴下方向下拉长时，DIF 线就在向下远离 DEA 线，意味着市场跌势持续；若柱状线在零轴下方向上缩短，就证明指标有转势的迹象，股价也有可能回暖。

因此，MACD 指标柱状线在零轴上方的缩短，以及在零轴下方的拉长状态，发出的都是看跌的信号。如果 K 线在同一时刻形成了高位的滞涨，或是持续下跌的形态，那么 MACD 柱状线发出的信号就能够得到确认。

下面来看一个具体的案例。

应用实例

宇晶股份（002943）MACD 柱状线变化对应的 K 线变化

图 6-9 所示为宇晶股份 2021 年 11 月到 2022 年 3 月的 K 线图。

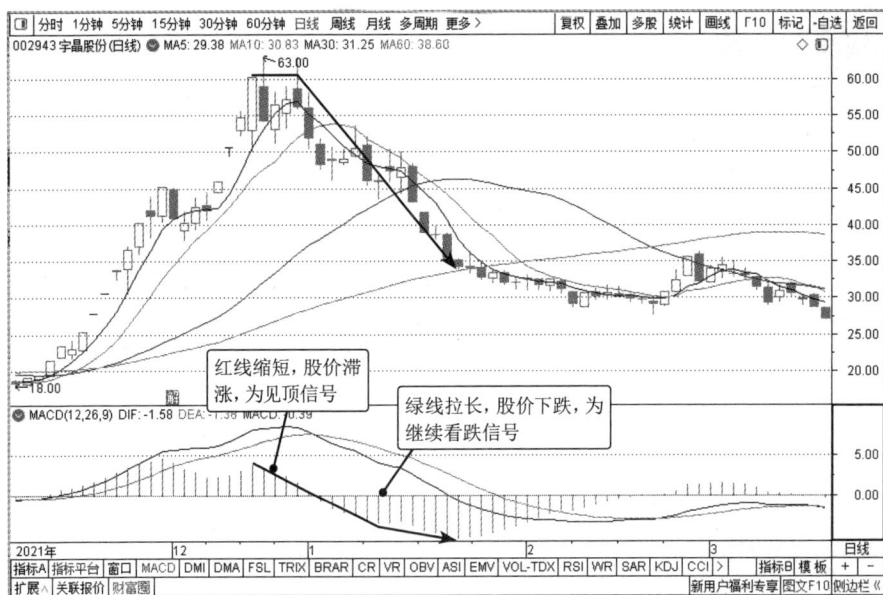

图 6-9　宇晶股份 2021 年 11 月到 2022 年 3 月的 K 线图

从宇晶股份涨跌趋势的转变过程中可以清晰地发现 MACD 指标的变化，同时也能反映出市场多方积极程度的波动。

涨势最迅猛、MACD 指标表现最积极的阶段在 2021 年 11 月期间，该股几乎是连续拉出涨停阳线和一字涨停，快速在数日内将价格从 20.00 元价位线以下推到了 45.00 元价位线附近。

在此期间，MACD 指标迅速从零轴下方向上突破，并跟随股价来到了较高的位置。MACD 柱状线也在持续拉长，反映出指标线上扬的角度较大，市场买盘活跃。

不过，就在该股于 45.00 元价位线附近受阻回调后，MACD 柱状线就出现了明显的回缩，尽管指标线还在继续向上攀升，但 DIF 线与 DEA 线的距离不再拉大，两条线的上扬角度也有所变缓。

数日后该股回调完毕再次上涨，涨势依旧迅猛，MACD 柱状线也再次拉长，但峰值却没能再超过前期高点。

12 月中旬，该股涨至 60.00 元价位线附近后形成滞涨横盘。同时，MACD 柱状线开始明显缩短，DIF 线有向下靠近并跌破 DEA 线的趋势，证明市场难以维持这种涨势，待到股价滞涨一段时间后大概率会下跌。此时投资者就要谨慎，可以先行卖出。

1 月初，该股以连续的收阴跌破了 50.00 元价位线。同一时刻，MACD 指标中的 DIF 线也彻底下穿 DEA 线，MACD 柱状线红翻绿，落到了零轴下方，并伴随着股价的持续下跌而不断拉长。这就意味着股价跌势确定，短时间内很难回暖，因此，还未离场的投资者就要及时接收到这样的警告信号，出局止损。

三、布林指标与 K 线的叠加研判

布林指标是一种用于研判市场运动趋势、定位买卖位置的常用技术分析工具。它与均线的定位类似，都是叠加在 K 线上使用的主图指标，这样才能将 K 线与指标线有机地结合起来，进行辅助分析。

布林指标由三条线构成，分别是上轨线、中轨线和下轨线，这三条线共同构成了一条股价通道，将 K 线限制在这条通道内，投资者通过图 6-10 可以更直观地感受到。

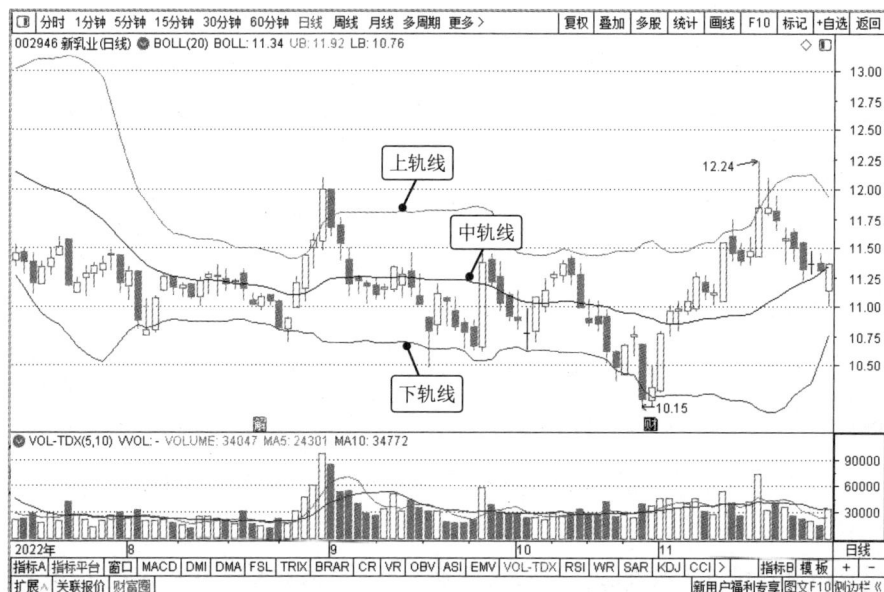

图 6-10 布林指标叠加在 K 线上的表现

布林通道会根据股价的变动而进行灵活的缩放，有时股价的变动速度太快，还会小幅突破到布林通道以外，但大部分时候，布林指标的上下轨线还是能将其限制住的。

这时可能有投资者就要问了，说了半天上下轨线和布林通道，好像都没有涉及布林中轨线，这条线难道是可有可无的吗？

当然不是，布林中轨线看似对股价的运行没有限制作用，但它具有的功能远比限制作用更强，那就是判断短时间内市场的强弱状态。它其实与MACD 指标的零轴功能类似，区别在于布林中轨线是会移动的，会跟随股价的变化而变化，产生更为精准的助涨助跌指示。

下面就将布林指标的三条指标线与 K 线结合起来使用，帮助投资者寻找合适的卖点。

No.05 K线受中轨线压制

一图展示

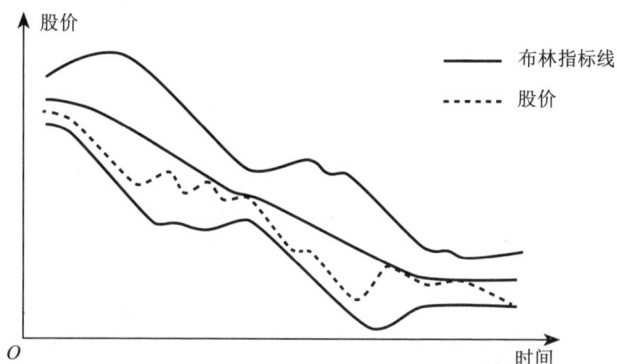

图6-11 K线受中轨线压制示意图

知识精讲

K线受到布林中轨线压制是指在较长一段时间内，股价都运行在布林中轨线以下，呈现出突破困难的状态，在此期间，股价可能震荡下滑，也可能横向运行。只要布林中轨线没有被突破，其压制作用就会延续下去，股价也会保持弱势。

因此，如果投资者在下跌行情中或是回调过程中发现了K线被布林中轨线压制的现象，就要考虑是否应该卖出了，不过具体的策略还要根据当前的确切位置来判断。

既然在不同的行情位置K线出现被布林中轨线压制的情形时对应的操作策略和杀伤力有所不同，那么下面的案例就分别选取上涨和下跌两个阶段来看看其中对应的形态如何操作比较合理。

下面来看一个具体的案例。

应用实例

帝欧家居（002798）K 线受中轨线压制时的卖点

图 6-12 所示为帝欧家居 2020 年 2 月到 11 月的 K 线图。

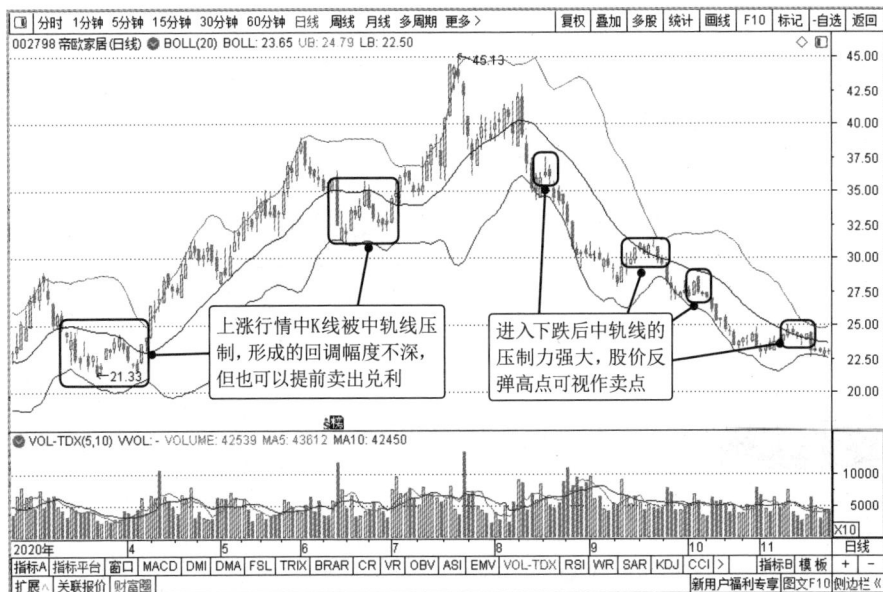

图 6-12　帝欧家居 2020 年 2 月到 11 月的 K 线图

为方便投资者观察，这里选取的是帝欧家居一段完整的涨跌周期，其中既包含上涨行情中 K 线被布林中轨线压制横盘的情形，也包含下跌行情中 K 线突破布林中轨线失败的形态。

先来看看上涨阶段中的情况。在 2020 年 3 月之前，股价还维持着上涨走势，直到运行至 27.50 元价位线以上才在布林上轨线的压制下形成回调，并很快跌破了布林中轨线，运行到了其下方。对于短线投资者和部分谨慎的中长线投资者来说，股价跌破中轨线的位置就是一个明确的卖点。

从后续的走势可以看到，该股在跌到中轨线以下后横盘震荡了一段时间，期间也尝试过一次向上突破，但未能成功。这就说明布林中轨线暂时还具备比较强的压制力，该股的整理还要维持一段时间。

进入 4 月后，该股在成交量放量的支撑下迅速上涨，成功突破到了布林中轨线的上方，开启了一波积极的拉升行情，证明回调已经结束，股价将重回上涨。

在后续长达两个月左右的时间内，该股涨势稳定，几乎没有再回落到中轨线以下，投资者可以再次买进或继续持股。

5 月底左右，该股在 40.00 元价位线下方受阻回落，再度跌破中轨线。在后续的一个月内，形成了与 3 月期间类似的走势，布林中轨线压制作用再现，但股价低点出现了明显上移，说明后市上涨概率较大。

此时，短线投资者可以执行同样的策略，而中长线投资者则可以谨慎持有，等待后续可能出现的上涨。

7 月，该股量能再度放大，成功支撑股价向上突破到了布林中轨线以上，上涨行情得到延续，投资者可继续持股。

但好景不长，该股在 7 月中旬以 45.13 元的价格创新高后就出现了下滑，尽管布林中轨线提供了支撑，但股价反弹的高点未能超过前期，成交量也没有释放出更大的量能，说明该股有见顶的风险，投资者要高度警惕。

8 月初，股价反弹见顶后难以再创新高，转而向下滑落，迅速跌到了布林中轨线以下，并在短时间内形成小幅回抽，突破失败后确认了布林中轨线的压制力，行情大概率会转向下跌。

此时，短线投资者和部分中长线投资者就要迅速卖出保住收益；惜售的投资者若还需继续观察，就要注意止损点的设置。

继续来看后面的走势，在小幅回抽之后，该股就出现了大幅且连续的收阴下跌，跌速非常快，K 线几乎要落到布林通道之外，并且成交量也在同一时期形成了放量。这说明市场看跌情绪浓厚，卖盘大量压价抛售，后市高度看跌，还未离场的投资者需要止损了。

在此之后，该股又进行了多次反弹，但几乎都在布林中轨线附近受阻，有的小幅越过了中轨线，有的则还未接触到中轨线便下降了。K 线整体呈现出被布林中轨线压制的情形，再结合前期大幅度的下跌，该股短时间内回暖的概率不大，投资者最好不要轻易抢反弹。

No.06 布林通道开口+K 线下跌

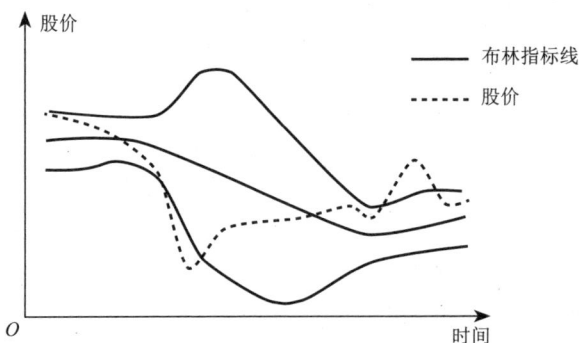

图 6-13 布林通道开口+K 线下跌示意图

首先要弄明白什么是布林通道的开口。经过前面内容的学习，投资者知道布林通道会根据股价的变动而缩放，当价格大幅上下波动，即将或已经越过布林上下轨线的限制时，整个布林通道就会迅速向两边扩张，以容纳越界的 K 线，这种突然的大幅扩张行为就是布林通道的开口。

由此可见，布林通道开口时，股价可能会向上下两个方向发展。那么，在股价产生这种变化之前大概率会出现预先征兆，投资者可以利用中轨线来提前判断其方向，进而确定后市到底会上涨还是下跌。

需要注意的是，不是每次股价的快速涨跌都会引起布林通道大幅扩张。首先，让通道明显扩张的前提是该形态在前期有过收窄的过程，也就是说，在股价产生快速涨跌之前，需要进行一段时间的窄幅震荡或是横盘整理，带动布林上下轨线聚合在 K 线周围，收拢后才能更好地扩张。

因此，当股价在下跌行情之中或是即将进入下跌行情之前出现横盘震荡，并在末期有进入下跌的趋势时，投资者就要特别注意布林通道是否会形成开口，布林中轨线是否会被彻底跌破了。

下面来看一个具体的案例。

应用实例

家家悦（603708）布林通道开口同时 K 线下跌

图 6-14 所示为家家悦 2020 年 4 月到 2021 年 1 月的 K 线图。

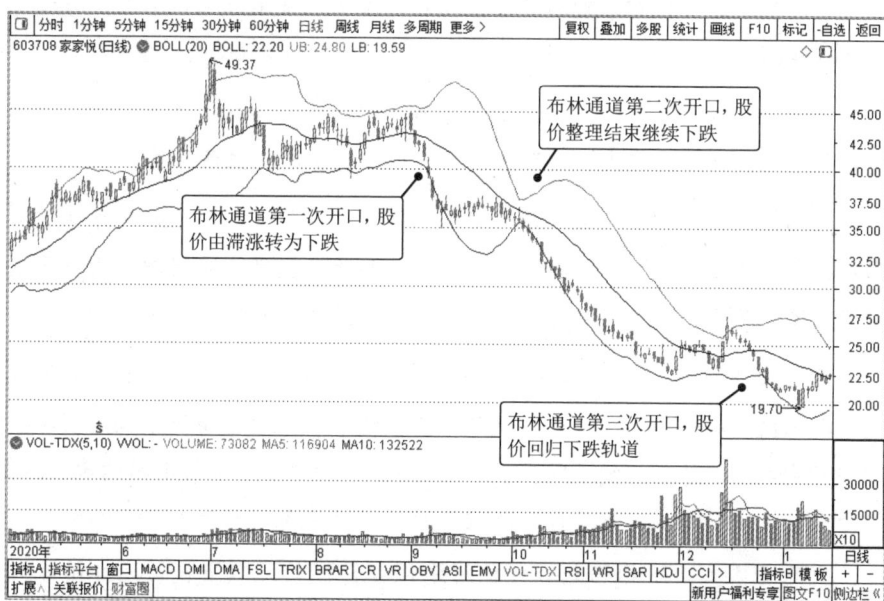

图 6-14　家家悦 2020 年 4 月到 2021 年 1 月的 K 线图

个股从顶部滑落进入下跌行情后，可能会经历数次布林通道的开口，比如图 6-14 所示的家家悦 2020 年 8 月到 2021 年 1 月的走势中，就展示出了三次明显的布林通道开口现象，每一次开口后股价都会向下大幅滑落，更深地进入下跌行情之中。

布林通道第一次开口的位置在 2020 年 8 月底到 9 月初之间，在此之前，该股经历了将近两个月的横盘震荡，K 线围绕布林中轨线上下震荡，同时布林通道也已经有所收窄，符合布林通道开口的前置要求。

到了 8 月底时，K 线大幅收阴下跌，跌破中轨线后继续下行，短时间内并没有产生止跌的迹象，导致布林通道很快形成了第一个开口，传递出股价即将进入下跌的信号。此时若结合该股前期的表现，投资者能将当前形势看得更明白。

在 2020 年 6 月及以前，家家悦还处于积极稳定的上涨行情中，K 线大部分时间都维持在布林中轨线以上，涨势非常积极。但到了 6 月底时，股价在 49.37 元的位置见顶后回落到 40.00 元价位线附近，随后形成了高位横盘，在此期间形成的反弹都未能超过前期高点，说明该股上涨动能不足，有进入下跌行情的风险。

因此，当 8 月底到 9 月初股价跌穿布林中轨线，布林通道开口时，就是下跌行情正式开启的标志，投资者此时就要及时出局，保住收益。

在后续的走势中，该股又在 9 月底形成了一次横盘后的下跌，布林通道形成第二次明显的开口。这是多方短暂反弹后上攻失败，市场看空力量再度占据上风的表现，后市仍旧看跌，还未离场的投资者要注意止损。

这一波下跌持续了较长时间，一直到 11 月底，该股才在 22.50 元价位线附近止跌后反弹，尽管反弹幅度不大，但依旧为投资者留下了喘息空间。12 月中旬之后，该股再度下跌，布林通道第三次开口，尽管没有前两次明显，但卖出信号依旧鲜明，抢反弹或是被套的投资者要及时出局。

最后要提醒广大投资者，任何投资都存在风险，以上相关操作策略仅供参考和学习使用，实战中不能作为买卖股票的唯一依据，还需结合股市实际情况具体分析操作。